U0506716

文史哲研究丛刊

# 遗业与轨则

## 百年中国学术论衡

戴登云　著

上海古籍出版社

**图书在版编目(CIP)数据**

遗业与轨则：百年中国学术论衡／戴登云著.一
上海：上海古籍出版社，2015.4
（文史哲研究丛刊）
ISBN 978-7-5325-7548-0

Ⅰ.①遗… Ⅱ.①戴… Ⅲ.①学术思想—思想史—中
国—现代 Ⅳ.①B26

中国版本图书馆 CIP 数据核字(2015)第 038102 号

文史哲研究丛刊
**遗业与轨则：百年中国学术论衡**
戴登云 著
上海世纪出版股份有限公司
上海 古 籍 出 版 社 出版
（上海瑞金二路 272 号 邮政编码 200020）
（1）网址：www.guji.com.cn
（2）E-mail：guji1@guji.com.cn
（3）易文网网址：www.ewen.co
上海世纪出版股份有限公司发行中心发行经销
上海惠顿实业印刷公司印刷
开本 890×1240 1/32 印张 6.625 插页 2 字数 166,000
2015 年 4 月第 1 版 2015 年 4 月第 1 次印刷
印数：1—1,300
ISBN 978-7-5325-7548-0
K·1998 定价：34.00 元
如有质量问题，请与承印公司联系

# 目　录

# 附　录

# 引言　中国学术话语体系的
　　　　创新如何可能

## 一、学术史研究的双重使命

从 20 世纪 90 年代初的"学术规范化"讨论,到今天的"中国学术话语体系的创新性"吁求,当代中国学界已经越来越普遍地感到:只有从现代中国学术思想史的内部,发现既具有现代中国学术思想演进的内在必然性、又与全球学术思想的转型变迁趋势"同步共振"甚至"预流"的——亦即,既植根于现代中国历史语境内部、又具有全球普遍有效性的"问题谱系"和"方法路径",然后通过对这些"问题谱系"的反思和"方法路径"的推进,提炼出新的命题与理论假说,才能真正有效地解释和应对当代中国与世界的结构转型与剧烈变迁,进而实现对历史的重新定位。[①] 基于这种自觉,对学术史的研究和反思,自然也就被摆到了某种优先的位置,甚至

---

① 相关讨论请参邓正来为《中国人文社会科学三十年:回顾与前瞻》(复旦大学出版社 2008 年版)一书所写的"代序":《中国社会科学的当下使命》,以及吴晓明、郀正、瞿林东、郑杭生、曾令良以"中国学术话语体系的当代建构"为总题发表在《中国社会科学》2011 年第 2 期的一组笔谈。

持续地成为学术研究的热点和前沿之一。①

　　然而，正因为此，学术史反思热的持续兴盛，似乎正好反过来说明了当代中国学术界还远未实现这一目的。如是，我们便可以说，当代中国的学术史反思热，（至少到目前为止）不但没有通过学术史的重构与重估普遍地激发出当代中国学人的反思潜能，在新的历史语境中实现某种期待已久的学术突破和理论跨越；相反，倒又一次成为当代中国学界的自我反思能力与理论建构能力异常匮乏的表征之一。②

　　当代中国的人文学术迫切地需要新的思想启蒙和理论奠基。当代中国学界当如何努力，才能实现此一目的？如果任何现成的理论借鉴和凭空的理论建构皆已证明无济于事，那么显然，重新反思一下学术史研究的根本失误，重新反思一下"学术史反思"的"本体属性"，将不失为最有效的切入点之一。

　　作为一种"时代精神症候"，大面积的"学术史反思热"，大都兴起于传统的学术研究范式的合法性已经解体、新的学术研究范式尚未建立的临界时刻。在这样的"临界时刻"，任何真正的学术史研究，都必然会担负起如下一种双重使命，并体现出某种新旧学术范式相交织、交替的特质：一方面，它必须通过学术史现象的梳理来重构出某种已然形成而又尚未被清晰揭示出来（换一句话说，就是"日用而不知"）的学术"传统"。这是常规的学术史研究所必须

---

　　①　从20世纪90年代初到现在，学术史研究热大体经过了如下一些阶段：起先是对现代中国学术史的整体性的或分科性的梳理，然后是对整个中国学术（思想）史通贯性的概括和总结，然后就是大面积的分科性的"新时期30年学术"和"共和国60年学术"的回顾与反思。

　　②　早在1997年的《"思潮"与"学术"》（文载赵汀阳、贺照田主编：《学术思想评论》（第一辑），辽宁大学出版社1997年版，第1—7页）一文中，叶秀山就已指出："'流行'的'热'主要是一种社会的'思潮'，而不局限于'学术'。""'思潮'是'学术'更广泛的基础，它可以推动'学术'，但它本身还不是'学术'。"按此意见推断，持续了近20年的学术史反思热，当始终停留在"思潮"的低水平重复的层次，而根本未成为真正的"学术"。

考虑的内容。这一任务使学术史研究必然会体现出传统的学术研究所具有的范式特征。另一方面，它又必须在重构这一"传统"的同时，审视并质疑这一"传统"的合法性，为这一"传统"的必然断裂提供理论的论证，为未来的学术"传统"开掘出某种新的地基。这一使命使任何真正的学术史研究，都必然会体现出某种新的范式特征。

学术史研究如何以一种最佳的姿态或策略介入这一双重使命并体现出这种双重特征呢？表面上看，一种学术研究范式的合法性的解体，乃是因为这种学术研究范式失去了阐释的有效力。而实际上的根本原因，乃是这种学术研究范式有关"究竟何谓学术？究竟何谓学术史？究竟何谓学术传统？"这样一些基本问题的不言自明的假定或普遍预设的解体。换句话说，就是支撑这种学术研究范式的合法性的自明性地基的解体。由是，学术史研究的根本任务和最佳切入点之一，就是通过上述预设前提的局限性来为新的自明性预设敞开可能。

然而，学术史研究如何才能在具体的学术史现象的梳理过程中，自觉地超越出来，准确地把握住传统的学术研究范式有关"究竟何谓学术、学术史和学术传统"的不言自明的预设前提呢？这些预设前提是如何在特定的历史语境中获得合法性的？这些合法性又如何随着历史语境的变迁而内在解体？

显然，要回答上述问题，仅仅满足于经验性的总结或个体感悟，是远远不够的。还必须深入到这些自明性预设的背后，在哲学的层面，全面揭示这些普遍预设之所以获得合法性的内在依据，以及这种"内在依据"在历史语境变迁之后又必然解体的"内在依据"，才能为新的学术研究范式的合法性的建立找到真正的前提。

从哲学上讲，使一种"学术观"、"学术史观"和"学术传统观"获得合法性的内在依据究竟是什么呢？考虑到所谓的学术研究，最终目的不过就是为了重新揭示—表述事物与事物、人与自然、人与

自我和他者之间的关系及其演变趋势；因此，从根本上讲，使一种
"学术观"、"学术史观"和"学术传统观"获得合法性的内在依据，那
无疑就是在其背后，起隐蔽支撑作用的某种"世界观"（世界视野）、
"历史观"（总体历史叙事）和"学术思想史的生成机制"预设及表意
范式预设。由是，当一种传统的学术研究范式的合法性遭遇危机
时，其"背后"的真相，就必然是与之相对应的那种传统的世界观
（世界视野）、历史观（总体历史叙事）和学术思想的生成机制及表
意范式的合法性的解体。相应地，一种新的学术研究范式的建构，
其"隐蔽"的任务，就必然是某种新的世界观（世界视野）、历史观
（总体历史叙事）、新的学术思想的生成机制和表意范式的重设。

　　厘清了这一点，我们也就领会到了学术史研究与思想史研究
的复杂纠缠。厘清了这一点，我们也就真正地领会到学术史研究
作为一项前沿性研究的真义之所在：

　　由于人们的世界观、历史观和历史的生成机制预设及表意范
式的变迁，不过是"时代风气"的变迁、文化精神的变动和全球文明
的转型在哲学或思想上的表现。因此，学术研究的范式转型就并
非一个书斋里的事件。它往往与"时代风气"的变迁、文化精神的
变动和全球文明的转型有着紧密的关联。而学术史研究，一方面
既是对这一"变迁、变动和转型"的积极介入，另一方面又是对这一
"变迁、变动和转型"的深入批判。

　　以此"本体眼光"反观当代中国学界广泛流行的经验感悟式的
或对象化的、历史（事实）描述或归纳式的，以及主观期待的或结论
在先的学术史研究，究竟有多少著述领会到了上述学术史研究的
双重使命呢？又有多少人自觉地反省了自己不言自明的"究竟何
谓学术、学术史和学术传统"的预设前提？如果绝大部分著述在进
入具体的学术史研究之前，连这些最起码的前提性问题都未加以
反省，如何指望它能够率先实现学术研究的范式转型？又如何能
够指望它通过学术史的研究，发现既具有现代中国学术思想演进

的内在必然性的,又与全球学术思想的转型变迁趋势"同步共振"甚至"预流"的"问题谱系"和"方法路径"? 如果这一切前提都不具备,又如何能够指望当代中国的学术史研究,能够通过对现代中国学术的"问题谱系"的反思和"方法路径"的推进,提炼出新的命题与理论假说,并有效地解释和应对当代中国与世界的剧烈变迁与转型困境?

## 二、思想史研究的内在困难

学术史研究与思想史研究有着内在的关联。这意味着,学术史研究必须推进到思想史研究的层次,学术史研究才能完成自己的双重使命。

可问题是,在目前分科治学的格局下,思想史研究不是完全不同的另外一个研究领域吗? 在当代中国学界,不是有许多学者专门从事思想史包括现代中国思想史的研究吗? 学术史研究为什么不向他们寻求现成的借鉴,而要另起炉灶,越界进入一个自己完全不熟悉的陌生领域呢?

如是,学术史研究,在还未进入具体的研究之前,就已经面临着一个至关重要的抉择。为了明智地做出这个抉择,在此,学术史研究就必须要完成一个前提性的工作。这一工作就是:预先对"究竟什么是思想史研究?"、"如何进行思想史研究?"——亦即,"思想史研究的本体属性究竟为何?"这样一些问题作出一般性的反思,然后根据这一反思,对当代中国学界的思想史研究状况做出恰当的分析。

思想史研究有着什么样的"本体属性"呢? 通常来讲,不管是广义的思想言说,还是作为一种学科建制的思想史研究,大都遵循如下通则:鉴于"思"这回事情的急迫性和凭空地"思"之不可能性,因此,任何真正的思想者都必然会意识到,"思"即思想史。换句话说，就是从"思想"的层面上讲，为了应对现实之急需，最好的途径，就是向全部思想的"历史"和丰富性开放，让"思"成为"历史必然性"之思。否则，思想便会成为毫无根据的玄学。

意识到此思想史研究的本己属性，我们也就能够意识到，思想史研究具有如下双重任务或双重使命：一方面，思想史研究必须如实地还原和重构思想的"历史"本身；另一方面，思想史研究又必须通过此重构而把握住历史中的"思"，即"思"的历史必然性，以回应现实之需。在这个意义上，思想史研究就必然会成为整个人文学术研究中最具有学理依据、最具有历史深度、最具有超越性、又最具有现实关怀的学科之一。

然而，意识到此思想史研究的双重任务或双重使命，并不必然意味着，人们就此找到了进入思想史的最佳入口并能够始终如一地恰当地"思"。思想史研究有着特殊的困难，每推进一步都可能遭遇陷阱，足以让任何一个审慎者望而生畏。

首先，"思想"不同于一般的客观"事实"。"思想"乃特定历史语境中的历史主体的活生生的"观念意指"。对于这种活生生的自我运思着的观念意指，思想史研究者如何将之对象化，亦即将之事实化，而"客观"地把握其生成演变的过程？

其次，纵使可以将"思想"划分为一个具有自身封闭性的独立领域，"思想"也不是某种本质透明、逻辑自洽的观念同一体。作为特定历史语境中的特定历史主体的活生生的观念意指，特定的"思想"总是与特定的时代背景、主体的言说能力和语言本身的表意极限空间联系在一起，乃至受制于这一时代背景、表意能力和表意可能。换言之，就是特定的思想言说，总是与特定历史的"无知之幕"、主体有限性和言说之不可能性联系在一起。思想史研究者，如何穿越这些语言的、历史的和思维本身的迷雾，而把握住历史中的"纯思"，即把握住"思"的永恒普遍性，进而把握住其"历史"？

第三，不仅思想者个体内部充满了矛盾冲突和混乱歧异，就是同一时代、不同时代的思想史内部，也是如此。可令人惊奇的是，就是这些矛盾歧异、对立冲突的思想言说，尽管随时随地都处于剧烈变迁和合法性危机之中，居然并行不悖地形成了"统一"的思想史。思想史研究者，当具备什么样的品性和才具，才能不带任何预设地穿行于这些矛盾歧异、不断变迁的思想言说之中，以厘清其生成演变的轨迹？

单单是应对上述困难，就已经殊为不易了。更何况，思想史研究的本己使命，乃是通过对具有上述性质的全部思想史的研究，以把握住历史中的"思"，即"思"的历史必然性和永恒普遍性，进而提出全新的时代之思。思想史研究当如何努力，才能承担起这一本己使命呢？思想史研究者，如何超越自身的有限性，以自身矛盾歧异的主体之思去把握住历史中矛盾歧异的主体之思？思想史研究者，如何跨越历史语境的阻隔，去把握住各种错综复杂的、矛盾歧异的思想的内在关系？思想史研究者，又如何突破语言表意的极限空间，使"思"在新的时代获得新的表意形式或载体？

显然，要保证上述所有工作都不至于沦为"今之视昔"的专制，要保证在从事上述所有工作时尽可能不带某种未经反思的先验预设——换言之，就是要保证自己对"思想史"的反思是出自"思想的历史"本身，要保证自己对"思想"的反思获得最起码的"思想"的品质，一个必要的步骤，就是在进入具体的思想史研究之前，首先完成对"究竟什么是思？究竟什么是思想史？究竟什么是思的历史必然性？"这一系列问题的反思。

悖论的是，基于"思"的内在本性，当我们要着手对这些前提性问题反思时，又必然要以对全部思想的"历史"和丰富性的开放为前提。因此，对"究竟什么是思？究竟什么是历史？究竟什么是思的历史必然性？"的反思，就必然要转化为对整个思想史的思，亦即，在对整个思想史的研究过程中的思，而不是历史哲学的玄思。

　　问题是，在今天这样一个"思想"异常复杂的时代，对全部思想的"历史"和丰富性的开放如何可能？在此，我们能指出的是，如果思想史研究的本己使命就是挑战这一难题，那么，唯一可能的路径，就是在对全部思想的历史和丰富性的反省过程中，竭尽全力地超越出来，看穿种种现成的思想言说的帷幕，发现全球思想所共同具有的"问题谱系"和"思想路径"，然后着手对这一"问题谱系"的新的裁决、对这一"思想路径"的新的推进。

　　如果我们能做到这一点，显然，我们必将对"究竟什么是思？究竟什么是思想史？究竟什么是思的历史必然性？"这样一些前提性问题做出全新的思。

　　反观当代中国的思想史研究，①我们能否看到某种现成的可能呢？

　　尽管从一开始就充分地自觉到了思想史研究的内在困难，当代中国的思想史研究，绝大多数，依然将"思想"当成了一个现成的历史的对象（观念实体），从而混淆了思想的"历史"与历史中的"思"的逻辑层次，完全没有把握住这二者之间的遥远距离或矛盾张力，更别说对"究竟什么是思？究竟什么是思想史？究竟什么是思的历史必然性？"这样一些前提性问题作出卓有成效的思。②　如

---

　　①　尽管90年代学术史反思热的兴起，意味着对80年代思想文化热的反动与反省。事实上，除了90年代前期短暂的沉寂之外，思想史研究一直是当代中国人文学界的显学之一。之所以会出现这样的现象，在我看来，原因有二：一、当代中国学界急切地想要从思想史中寻找思想资源，以有效阐释当代中国。二、学术史反思热，内在地包含着对思想史研究的学术史反思。

　　②　《思想史研究》辑刊的编者将第一卷（广西师范大学出版社2005年版）的主题命名为"思想史的元问题"，并在此同名专栏的"编者按"中说："本专题以'思想史的元问题'为名，意在讨论'思想史'这个观念本身的内涵及其历史性生成，同时反思'思想史研究'的对象、方法、性质等可以纳入这个相对独立的问题阈中的东西。事实上，当前国内对西方思想史研究的引介与评论，包括了英文中'history of thought'（柯林武德用语），'history of ideas'（洛夫乔伊用语，也译'观念史'），以及'intellectual history'（转下页）

是,尽管从表面上看,与学术史研究的范式转型的迟缓进程比起来,当代中国的思想史研究,跟当代中国的历史一样,已经经历了剧烈的范式变迁。① 然而,从当代中国思想界层出不穷的"主义式"言说和思想史研究的"范式不稳定"状况来看,当代中国的思想史研究,与当代中国的学术史反思比起来,或许并没有获得多少更好的进展。如此的思想史研究,除了将思想史从一种不言自明的预设中解脱出来,又纳入另一种不言自明的预设之外,②如何能够发现既植根于思想史的历史深处,又具有全新的时代有效性的"问题谱系"和"思想路径"? 又如何能够实现"历史与逻辑"或"历史与义理"的统一?

怪不得当代中国的思想史研究,始终无法为当代中国的学术史研究提供更多的思想启迪。

## 三、学术史与思想史的复杂纠缠

一方面,学术史研究必须推进到思想史的层次;另一方面,思想史研究又亟须在学术史的层面实现自身的范式转型。如是,学

---

(接上页)(斯金纳、拉卡普拉及以后当代作家用语)这三个研究领域中的内容。当然,在思想史研究的地域版图上,它也是要涉及到法、德等其他非英语西方国家的。"此后又将该卷的修订版(上海人民出版社 2006 年版)改题为"什么是思想史"。上述迹象表明,当代中国学界似已对思想史研究的前提性问题的反省有了相当的自觉。然核查其中所刊发的文字,实则不过是对西方学界对相关问题的思考的引介而已。中国学界对此问题的独立思考,依然缺失。

① 可以将这一范式变迁的历程大致概括为:从传统的将哲学史等同于思想史的写作取向到将社会史与观念史相结合的努力,从个案式的研究到文本解析,从以问题史为中心到以关键词为聚焦点,从文化研究的转向到新一轮的经典重释。当然,这一转变过程具有多歧互渗的特征。

② 这些预设包括:进化论、科学主义、(社会发展史)革命史叙事、历史主义(人本主义)、现代化、现代性(现代性悖论)、全球化(全球格局),以及在"中西古今冲突"中的各种价值立场预设等。

术史研究就交织了多重的学术、思想使命（其实，思想史研究也如是）。可是，学术史研究与思想史研究明明又有着完全不同的"本体属性"。这些"本体属性"的差异使得学术史研究和思想史研究有着完全不同的学术使命、方法论困难和问题意识。学术史研究如何才能把握住这二者的差异与内在联系，并自由地穿梭于其间呢？为使在具体的学术史研究的过程中不致迷失方向、误入歧途，在此，在还未具体地展开对"究竟何谓学术？"、"究竟何谓思想？"这些问题的反思之前，预先反思一下"思想"和"学术"究竟具有怎样的复杂关联，或许将不无助益。

事实上，早在学术史反思热兴起之初，"学术"和"思想"的关系，就成了学界讨论的话题之一。针对 90 年代的学术史反思热，李泽厚作了"学问家凸显、思想家淡出"的评价。[①] 针对李泽厚的这种"把学术和思想截然分开"的思路，王元化则提出了"有思想的学术和有学术的思想"的主张，以示二者内在相通。[②]

王元化和李泽厚的争论引起了学界的广泛关注。肯定"学术"与"思想"有内在联系的一方认为："事实上，经过充分讨论的思想就会产生学术问题，而真正的学术分析必定具有思想水平。"[③] 而看到了 90 年代的学界在"学术规范化"的取向下，"思想"与"学术"确有所分离这一事实的一方则客观地指出："一方面，悬置简单僵硬的价值判断，为挖掘和重现大量被忽视的事实开辟道路，使学术研究获得新的视角和突破。另一方面，在过分标榜价值中立的情况下，有些不可逃避、无法消解价值判断和道义立场的问题，往往

---

① 该评论出自《二十一世纪》(香港)，"三边互动"栏李泽厚致该刊的书信，1994 年 6 月号，总第 23 期第 159 页。

② 参《学术集林》卷一"编后记"，上海远东出版社 1994 年版，第 370 页。

③ 赵汀阳、贺照田主编：《学术思想评论》(第一辑)"前言"，辽宁大学出版社 1997 年版，第 2 页。

也被简化为单纯的事实或数据而被冷酷地处理。"①

　　然而很显然，对于"学术"与"思想"的复杂关系而言，如果我们永远停留于这样的主观期待或经验直观，是根本无助于问题的解决的。必须对"学术"与"思想"的关系作出深入的反思，学术史研究才能获得真正的实绩。

　　"学术"与"思想"究竟存在着怎样的复杂关系呢？如果说，"学术"的根本目的是追求"真知"，那么，在所有"知"（包括真知和伪知）都必须落实于"表达"或"言说"的意义上，我们便可以将"真知"划分为三个层次："材料"之真、"表述"之真和"含义"之真。不仅可以作这样的划分，我们还可以确定这三者的逻辑顺序：由"材料"之真决定"表述"之真、由"表述"之真决定"含义"之真。

　　然而，假定某种"材料"之真是确定无疑的，由此"材料"之真，如何通过"表述"就必然导致"表述"之真进而导致"含义"之真？通常的回答是，因为"材料"之真、"表述"之真和"含义"之真与某种外在的、客观化的"事实之真"、"命题之真"和"思想之真"一一对应，且二者具有同样的逻辑序列关系。

　　然而，由于某种"事实"的不可穷尽性、"言说"的终极不可能性和"思想"的主体有限性的客观存在，我们如何能够假定"材料"之真、"表述"之真和"含义"之真与某种外在的、客观化的"事实之真"、"命题之真"和"思想之真"的一一对应？又如何能够假定它们具有相同的逻辑序列关系？

　　由此看来，所谓"材料"之真、"表述"之真和"含义"之真的划分之所以可能，其逻辑顺序之所以具有合法性，其实不过是因为我们预先作了一种假定。由是，当我们在努力确定某种"材料"之真、"表述"之真和"含义"之真时，如果我们不同时质疑它与某种外在

---

　　①　徐友渔：《学术范式的转换》，文载赵汀阳、贺照田主编：《学术思想评论》（第一辑），第19页。

的、客观化的"事实之真"、"命题之真"和"思想之真"一一对应的假定，我们的学术研究就必然缺乏某种"思"的彻底性。

反过来，从"思想"的一面看，假如"思想"的根本目的是求"观念"的"圆满"和"行动"的"指南"，那么，当某种客观化的"事实"、"命题"和"思想"没有在先地成为"思想"的对象，亦即成为"观念"领域内部的"事件"时，它们如何可能成为"学术"，并被"思想"？如是，"事实"、"命题"和"思想"的逻辑关系就被颠倒了过来：是"思想"决定"命题"、由"命题"决定"事实"，而不是像原来那样。

由是，"学术"和"思想"就陷入了一种互为预设的循环：一方面，学术之"真"依赖于某种"思想"预设；另一方面，"思想"预设最终又需要"学术"的支持。在这一循环中，"学术"之真与某种"思想"预设有可能内在一致。但在多数情况下，"学术"之真与某种"思想"预设总是充满了内在的矛盾。因为，内在于"思想"的本性，特定的思想言说，总是与特定历史的"无知之幕"、主体有限性和言说之不可能性联系在一起，换言之，就是并不是所有的思想言说，都必然指向某种"真理"，而往往与种种复杂的意绪心态、利益驱动、权势争夺、目的论叙事、价值期待、修辞策略、意识形态乃至政治宰制纠结在一起。因此，特定的"思想"预设，就时常会遭遇特定的"学术"之真的否定。

"学术"和"思想"如何超越这种互为预设的循环呢？"学术"如何必然过渡到"思想"？"思想"又如何获得"学术"的支持？唯一的可能，就是坦然地面对"材料"、"表述"和"含义"的差异性，准确地把握住其不同的逻辑层次，否定其内部的决定论逻辑，坦率地承认其与"事实"、"命题"和"思想"的非一一对应性；换句话说，就是坦然地面对事物、世界、他者、自我乃至语言自身的非同一性和同质性，坦率地承认它们的差异性和多重性；然后毅然地将自身置身于这诸多差异性、多重性和非决定性的迷宫中，自觉地领会到彼此之间的先天共在性和交互关联,自觉地领会到某种学术思想史的生成机制。

如是,学术思想史研究就必然要触及如下问题并对之做出彻底的反省:即究竟什么是事物? 究竟什么是语言? 究竟什么是自我? 究竟什么是他者? 如何看待词与物的关系? 如何看待自我与他者的周遭生活世界? 究竟什么是历史乃至时间? 等等。

进一步,真正的学术思想史研究,还会将自己反思的视角推进到本源性的高度,对如下问题做出全新的追问:思(言说)的原初起源的动力究竟来自哪里? 思如何通过语言言说自身? 语言如何绽放出思并向所有的人开放? 思是如何断裂的,它又如何幸存于历史中并保证了未来向其回溯的可能? 矛盾冲突的、错综复杂的各种思如何并行不悖地生发出思的共同的历史? 缺乏同一性或同一个主体性的思如何遵从了思的必然命运?

领会了上述"学术"与"思想"的复杂关系,我们也就可以打破那种传统的将"思想"视为是某种体系化的"观念学说"和将"学术"视为是一种论证此"观念学说"的"技术工具"的二分观,而将"学术思想"重新划分为三个层次:一、对一种对象化知识的探究;二、对人类主体之自我存身于世的合法性论证;三、对本源之"思"的遮蔽与解蔽。如果说,第一个层次处于知识学的层面上,是对象化的;那么,第二个层次则挺进到了个体叙事和民族叙事的层面,具有深切的体验性;而第三个层次,则深入到了自我关涉的本体层面,具有高度的反思性和生发性。

如果上述划分是成立的,那么,全部"学术"和"思想"的困难,就在于如何把握上述三个层次的交互奠基性与交互去蔽、交互发生性。从这样一个角度看,百余年来的中国学界之所以一直深陷"中西古今"的二元对立,实在是因为没有搞清问题的实质所致。

## 四、学术思想的新视野与方法路径

　　"学术思想"的"三分"不仅从理论的层面化解了持续一个多世纪的"中西古今冲突"难题，它还为我们重新审视中西方学术传统提供了一个有效的概念框架或分析工具。利用此概念框架或分析工具，我们不仅可以很好地从形式上说明中西方学术的共通点，还可以从实质上说明二者的根本差异。比如，同样可以划分为三个层次的中西方传统学术，为何呈现了如此大的不同呢？一个根本的原因，就在于在对本源之思的遮蔽与解蔽层面，中国传统学术特别强调学术对于心性的养护（所谓修身、齐家、治国、平天下是也），而西方学术传统则侧重于观念的重构（所谓知识生产是也）。之所以如此，乃是因为中国传统学术将"学术"的对象化层次提升到了本体化层次，将之混同在一起；而西方学术传统则将"学术"的本体化层次降解到对象化层次，将之同质化。从这样一个角度来审视百余年来中国学术不断西方化、分科化的历程，其根本失误不在于西方化、分科化是否走过了头，而在于在西方化和分科化的过程中，没有把握住学术思想的多重性和多层性，而将之同质化和本质化了，从而彻底地遮蔽或割裂了心性的养护与观念的重构的根本差异与内在联系。

　　所幸的是，基于对学术研究之多重指向（即知识生产、共同体建构和灵性养护）的内在联系与矛盾冲突的天才敏感，在种种对象化的、分科化的、实证化的，或意图正当的、经验直观的、辩证逻辑的等学术主潮的背后，现代中国学术史（其实，现代西方也如是）还试图开辟出另外一条道路。这一条道路即，以一种直面事实本身的精神，通过返本穷源的追索，在知识生产、共同体建构与灵性养护的矛盾张力中把握住道（思想）的原初发生。我们今天要做的工作之一，就是如何重构并接续这一传统，将之推进到新的时代高度。

　　"学术思想"的"三分"不仅为我们发现现代中国学术传统中居于自主地位的"方法路径"提供了理论的可能,它还为我们重新审视现代中国思想史的"问题谱系"提供了一个全新的制高点或终极视阈。因为,如果说,西方思想传统的根本特点是预设了一个客观存在的实体(正是因为这一预设,使西方学术传统将"学术"的本体化层次降解到了对象化层次),中国传统思想的根本特点是预设了原初起源的虚实相生(正是因为这一预设,使中国传统学术将对象化层次提升到了本体化层次);那么,站在"学有三分"这一制高点和终极视阈之上,我们不仅可以很好地看清中西方思想传统的根本优点,也可以很好地看清其内在的缺失。其缺失就是:实体性预设必将导致世界观念的同质化和单向度化,从而阻断从"第二性"向"第一性"的回溯;而虚实相生的预设虽然化解了从"第一性"到"第二性"的难题,却无法建构出一个可分析的和可实证的世界预设。而从"学有三分"这一角度看,"世界"不仅是交互去蔽、交互发生的,而且还是差异错置的、可分析和可解剖的。从这样一个角度来看待现代中国思想史不断西方化、科学化、实体化、实证化和单向度化的历程,显然,我们将更加清晰地看清其真理与谬误共存、危险与生机并生的实情。如何从这种单向度的路径中超越出来,把握住现代中国思想史在范式转型的过程中本应把握住的"问题谱系",并予以理论的重构,就成了当代中国思想界的内在使命之一。

　　事实上,只要我们意识到,既然整个现代中国学术思想史,就是一段传统的学术思想范式的合法性彻底解体,因而不断重构新的合法性的历史;那么,前述学术范式转型的"临界时刻"所涉及的全部思想史问题,就必然会成为现代中国学术思想史的内在问题。这些问题包括:传统的世界视野的解体与重构、传统的总体历史叙事的失效与重设、传统的学术思想的生成机制的瓦解与重建,以及传统的表意范式的"过时"与重寻,等等。其中,传统的学术思想的生成机制的瓦解与重建最为牵动人心。它表现在社会学和政治学的层面,就体现为社会(政治)整合与个体安顿的复杂关系问题;表现在文化与精神的层面,则体现为文化整合与个体精神救赎的复杂纠结。

然而遗憾的是,在种种现成的"激进／保守"、"科学／玄学"、"专制／自由"、"救亡／启蒙"、"左派／右派"、"西化／本土"、"政治功利／审美自主"等主义式言说的二元对立中;更深层一点说,在种种现成的来自西方或传统的进化论的、科学主义的、(社会发展史)革命史叙事的、历史主义(人本主义)的、现代化的、现代性(现代性悖论)的、全球化之普遍—特殊的等思想史视野预设的制约下,当代中国学术思想界,始终无法从各种西方的问题、旧时的问题、局部的问题和臆想的问题中超越出来,看穿历史的真相,真正着手建构现代中国学术思想的传统。

尽管如此,我们依然能够看到,在种种主流的话语言说模式和思想视野预设的背后,现代中国学术思想史一直在做着艰苦的努力,以期开掘出另外一种潮流。这一潮流即:对"传统的世界视野的解体与重构、传统的总体历史叙事的失效与重设、传统的学术思想的生成机制的瓦解与重建,以及传统的表意范式的过时与重寻"这一系列问题的全方位思索。我们今天要做的工作之一,就是去除各种主流的话语言说模式和思想视野预设的遮蔽,重新敞现这一潜流,并对之作出新的裁决和思索。

学术思想史研究如何才能更好地完成上述双重任务呢?

一方面,根据思想史研究的内在要求,我们再也不能未经反思地就将(现代)中国学术思想(史)确定为某种先在的、客观存在的研究对象,而必须首先确定我们与它之间的意向性关联。换句话说,就是必须将全部(现代)中国学术思想(史)转化成我们观念领域中的"内在事件",我们才有重新"经历"它们的起点。

另一方面，根据"学术"与"思想"的复杂纠缠，我们又必须在先地将自身置身于（现代）中国学术思想（史）的生成演变的历史中，亦即，将我们自身"内化"于（现代）中国学术思想（史）的"传统"中，牢牢地把握住其隐蔽的、本源性的学术思想史的生成机制，才能避免对学术思想史的主观臆断。

学术思想史研究，如何在这种循环往复的过程中，亦即在这种"古"与"今"的"对话"过程中，真正超越"六经注我、我注六经"的阐释学困境，实现对学术思想史的全新阐释？唯一的可能，就是沿着"事实的还原→文本的细读→历史的还原→语境的重构→问题（谱系）的重勘→理论预设的反省→先验的裁决→跨语际的双重书写"这样的方法步骤，对学术思想史实施"返本穷源"式的解读。

总之，在一种新的"学术—思想"视野的观照下，我们看到，现代中国学术思想史其实早就极具自主性地开掘出了既属于自己又属于全球思想史的"问题谱系"和"方法论"传统。当代中国学界的当务之急，就是如何利用历史所给予我们的机会，重新面对这一问题谱系和方法论传统，认真总结，艰苦探索，以期率先实现某种全方位的突破。

需要再次重申的是，当代中国的"文化自觉"与"文明重塑"绝不能满足于点滴的积累，更不能一味地沉溺于分科化的实证之学或琐屑的文本细读。当代中国的人文学术亟须思想的重新启蒙。因为，当代中国学术话语的创新性吁求，其核心意旨绝不是要构建一个反西学的知识话语体系，而是要从中国的独特经验出发，自觉地把握住全球文明转型的内在脉络，并由此进行全球文明体系的重构。

# 第一章 究竟何谓"学术"

## ——基于当代中国学术史的反思

### 一、当代中国学术的多重面向与多歧走向

晚近20年来持续兴盛的学术史反思热,对百余年来的现代中国学术史,常呈现出完全不同甚至截然相反的认知。

比如,一方面,有学者指出,"一百年的学术史实际上已经成了某种'传统'"。[①] 可是,另一方面,我们马上就可以看到,也有学者认为,"长期以来,中国现当代文艺理论基本上"是处于"表达、沟通和解读的'失语'状态"。[②]

---

[①] 在《中国文学研究现代化进程》一书的"小引"中,陈平原自称转述百年文学研究之历史研究的发起者王瑶的观点说:"一百年的学术史实际上已经成了某种'传统',对这一传统的隔膜与误解,很容易产生虚无主义态度或热衷于横扫一切的偏激。每个人都不愿沿着前人开辟的道路继续前进,都想重起炉灶,都重新经历了一番痛苦的摸索,而不曾很好地借鉴前辈的经验教训,这是近代以来学术思想迭起,但都匆匆过场,热闹有余而成就不大的一个重要原因。需要认真研究这百年来的学术实践,为今人提供一些值得借鉴的学术规范和一些行之有效的治学方法。"引文见王瑶主编:《中国文学研究现代化进程》,北京大学出版社1996年版,第4—5页。

[②] 在《文论失语症与文化病态》一文中,曹顺庆认为,"长期以来,中国现当代文艺理论基本上是借用西方的一整套话语,长期处于文论表达、沟通和解读的'失语'状态"。"我们根本没有一套自己的文论话语,一套自己特有的表达、沟通、解读的学术(转下页)

这种"对立性"的评价状况从 90 年代一直延续至今。只不过，随着当代中国学术的现实语境的急剧变迁和根本逆转，这种对立性评价已经攻守易形，且彼此都更具学理。

比如，有更多的学者开始从理论的层面深入揭示，"西方化的"、"唯学科化的"学术传统给当代中国人文学术所带来的瓶颈，明确表达出了重获"中国学术的自主性"的价值诉求，力图重构中国人文学术的话语体系。① 而少数继续申辩"西学"在现（当）代中国学术语境中的合法性的学者，则成了异见群体。②

同样是在评价现代中国学术史，为什么会有如此大的分歧和对立呢？这种"对立性评价"现象本身，是否应该引起当代中国学

---

（接上页）规则"。"这种'失语症'，是一种严重的文化病态"。引文分别见《文艺争鸣》1996 年第 2 期，第 50—51 页。

① 代表性的讨论，请参吴晓明、邴正、瞿林东、郑杭生、曾令良以"中国学术话语体系的当代建构"为总题发表在《中国社会科学》2011 年第 2 期的一组笔谈，以及邓正来为《中国人文社会科学三十年：回顾与前瞻》一书所写的"代序"：《中国社会科学的当下使命》。

② 在《汉语学术界政治哲学的兴起》一文中，刘擎指出："目前中国政治哲学著述的'西化'面貌是一个事实，这固然昭示了其尚处于起步阶段的特征，但这并不意味着晚近政治哲学的兴起就注定缺乏独立的'中国主体意识'和中国的问题意识，也不意味着它对西方主流意识形态的依附。恰恰相反，就当今中国的社会与精神状况而言，只有全面而深刻地理解和介入西方内部的思想争论，才有可能真实地面对并有效地回应中国自身面对的重大问题，才有可能发展出中国自己独特的政治哲学论述。这是因为，中国自晚清以来的重大历史变迁已经使得一个传统的、与西方独立无关的、'纯粹的'中国不复存在。……中国在政治意识形态、文化价值观念、社会制度安排、经济生产方式、公共传媒与通讯，乃至饮食起居的日常生活方式等所有层面上都与所谓'西方'世界发生了千丝万缕的联系和纠葛。也就是说，由于近代以来的文化转变，中国已经越来越深地卷入了黑格尔意义上的'世界历史'。因此，一个僵化的'中国'对'西方'的二元对立框架已失去了其现实经验基础，也不再具有有效的解释力。中国所面对的当然是自己的'现代性问题'，但对这一问题的把握与应对……已经不再可能脱离西方来'单独处理'，而必须被置于世界性的思想视阈之中。在这个意义上，理解西方，特别是研究西方对于现代性问题的政治哲学思考与内部争论，恰恰是为了理解中国自身。"引文见邓正来、郝雨凡主编《中国人文社会科学三十年：回顾与前瞻》，第 318 页。

界的关注与反省？

通常而言，由于学术史本身的复杂性，以及学人们在思想渊源、认知立场、学科背景、眼界能力、方法路径和价值取向等方面的差异，使得学界对同一段历史（包括自身正在亲历的当代学术史）的认知，必然会产生极大的歧异。这种状况在学术的承平时代尚且如此，在学术的急剧变迁的时代就更形尖锐。作为一种学术史现象，它本身恰好表明了学术史演进的多重面向和多歧取向（走向）。换句话说，就是它的出现本身，恰好表明了学术史已经走出了"舆论一统"的时代，获得了阐释的常态，步入了正轨。

虽然如此，我们还是觉得，对于当代中国学界的这种"对立性"评价现象，似不能用此"阐释学的一般原则"来敷衍了事。因为，若仔细对勘各种论断及其互文性，①不难看出，尽管其立论的范围、所指皆有所不同，且往往不在同一个层次，但在其对现代中国学术史的基本肯定与基本否定的两极态度背后，无疑已经隐现出了一个"超稳定"的结构。这一结构即在"学术"和"学术史"的"连续—断裂"、"学术—思想"、"科学—人文"、"专家—通人"、"学术—政治"、"西化—自主性"、"全球化—中国特色"、"求是—致用"之间的双重性张力。面对这一双重性张力，当代中国学界显得无所适从、难以调和，结果只能趋于一极。

进一步讲，由于自晚清以来的所谓的"现代"中国学术史，已经经历了几次重大的范式转型，因此，当代中国学术史内部的上述"连续—断裂"之争，无疑也就成了当代中国学术史内部的"古今"之争。而上述"西化—自主性"的冲突，显然就是当代意义上的"中

---

①　倘若我们详细地梳理一下由这些对立性评价所引发的学术论争，我们将更加清晰地看到当代中国学术的复杂情形。不过，由于本文的目的不是评价这些不同论断的是非，而仅只是分析其相对于当代中国学术史的表征性特征，因此，笔者在此将不作这样的努力。

西"冲突。由是,用一种相当简化的语言来说,当代中国学界在前述"学术"和"学术史"的双重性张力中的无所适从表明,当代中国学术仍处于"古今中西"的对立冲突之中。

当代中国学界当如何看待这一冲突?

众所周知,自晚清"西学东渐"以来,中国学界在面对"中学"与"西学"、"古学"与"今学"截然不同的"民族性"和"时代性"时,由于"文化主体性"和"学术时代性"两方面均不可偏废而一又难以调和,结果只能根据自己的价值优先选择,身不由己地陷入了近一个世纪的"中西古今"之争。由此"长时段"的历史眼光来看待"当代"中国学界对现代中国学术史的对立性评价,不难发现,在现代中国学术史的内部,已层垒地叠加了多个时代、多重性质的"古今中西"之争。

尽管如此,由于现代中国学人无不在理论上认为,学术是不应偏废的,学术本不分中西古今;因此,以现代中国学术史为反思对象的90年代以来的学术史反思热,本来应该是以反思并化解此"中西古今冲突"的世纪难题为己任的,为何自身却又一次陷入了新的中西古今之争呢?

如果我们不想用"当代中国学术还没有走出自晚清西学东渐以来的客观历史情势的规限"这样的理由来为自己开脱,唯一可能的原因,就是自晚清"东渐"的"西学"彻底地瓦解了传统"中学"的"学术"观念的合法性①(而"西学"的"学术"观念的合法性同样存

---

① 无论从历史的层面看,还是从理论的层面看,"东渐"的"西学"所能瓦解的,只能是传统"中学"的"学术"观念的合法性,而不可能是传统"中学"的理论内涵的真理性和历史层面的有效性。因为,作为一个巨大的历史存在,传统"中学"可能有其不足,这一不足即未为我们提供现成的应对当代现实的学理资源。但是,不能因为这一不足,就反推其已有的东西缺乏真理与价值。事实上,弥补这一不足,不是传统"中学"的任务——因为传统中国很有可能不需要,相反,它恰恰是现代中国学人的使命。可惜的是,由于现代中国学人大都没有分清这一点,以致产生了许多无谓的论争。

在着疑问）以来，现代中国学界至今仍未重构出既具有时代有效性、又具有理论超越性的"究竟何谓学术"（包括"究竟何谓学术史"、"究竟何谓学术传统"等）的自明性认知。以致当代中国学人在评价现代中国学术史时，只能以自己的某种不言自明的、未经反思的"学术"观念和"学术"标准为依据，结果自然无法为"中学"与"西学"、"古学"与"今学"，或"思想"与"学术"的各个层面与各种走向各自安顿一个恰当的位置。

如是，当代中国学界的学术史反思的当务之急，就是在反思之前、之中和之后，努力从各种现成的"学术"观念中超越出来，重建出既具有"中国语境"的历史合法性、又具有全球有效性的新的"学术"观念的自明性认知。否则，"中西古今"之争就将成为一个永恒的阐释学命题，永远也不会转化为特定历史阶段的历史事实。

## 二、"学术"观念的论争及其自明性缺失

其实，当代中国学界并非没有介入对"究竟何谓学术、学术史和学术传统"等问题的反思。只不过，由于问题本身的隐蔽性和复杂性，使得当代中国学界并没有获得什么实质性的成绩。

在为其主编的"中国现代学术经典"丛书所写的"总序"的开头，[1]在指出"站在学术史的角度回观 20 世纪的中国，简错纷繁的百年世事也许更容易获致理性的通明"之后，刘梦溪马上就问道："问题是到底什么是学术？学术思想究竟指什么而言？"[2]

刘梦溪的问题提得非常直接，其回答更是简单明白。他先是

---

[1]　该序不仅置于"中国现代学术经典"丛书（河北教育出版社 1996 年版）各卷卷首，同时还以《中国现代学术要略》为名刊载于《中华读书报》1996 年 12 月 18 日和 25 日，尔后又出版了同名单行本（生活·读书·新知三联书店 2008 年版）。本文所用版本即单行本。

[2]　刘梦溪：《中国现代学术要略》，第 6 页。

铺陈了一句,"二十世纪第一个十年刚刚过后的 1911 年,梁启超写过一篇文章叫《学与术》",然后便引用了该篇文章中的一段话,"学也者,观察事物而发明其真理者也;术也者,取所发明之真理而致诸用者也。例如以石投水则沈,投以木则浮。观察此事实以证明水之有浮力,此物理也。应用此真理以驾驶船舶,则航海术也。研究人体之组织,辨别各器官之机能,此生理学也。应用此真理以疗治疾病,则医术也。学与术之区分及其相关系,凡百皆准此"。①顺此,刘梦溪评论并引申说:

> 这是迄今看到的对学术一词所作的最明晰的分疏。学与术连用,学的内涵在于能够揭示出研究对象的因果联系,形成建立在累积知识基础上的理性认知,在学理上有所发明;术则是这种理性认知的具体运用。所以梁启超又有"学者术之体,术者学之用"的说法。他反对学与术相混淆或者学与术相分离。②

为了印证梁启超(或自己)的观点,刘梦溪接着引用了严复为《原富》一书所写作的一则按语:"盖学与术异。学者考自然之理,立必然之例。术者据既知之理,求可成之功。学主知,术主行。"③刘梦溪认为,(梁、严)二者异曲同工。

仿佛这样说还不够,刘氏进一步提到了《庄子·天下篇》、贾谊《新书·道术篇》中的"道术"观念,并且认为"'道术'的内涵比学术更深邃,更具概括性"。接着,他引用了章学诚的一句话:"学者,学于道也。道混沌而难分,故须义理以析之;道恍惚而难凭,故须名

---

① 梁启超此段文字,请参《饮冰室合集》第 3 卷"文集"二十五册(下),中华书局 1989 年影印版,第 12 页。
② 刘梦溪:《中国现代学术要略》,第 6 页。
③ 严复:《严复集》第 4 册,中华书局 1986 年版,第 885 页。

数以质之；道隐晦而难宣，故须文辞以达之"；①并且指出，章氏"由此抽绎出治中国学问的三要素，即义理、考据、词章"。

在作了上述阐述之后，刘梦溪突然转折说："但对一个学人来说，比这三者更重要的是为学的目的。严复在为《涵芬楼古今钞》作序时写道：'盖学之事万途，而大异存乎术鹄。鹄者何？以得之为至娱，而无暇外慕，是为己者也，相欣无穷者也。术者何？假其途以有求，求得则辄弃，是为人者也，本非所贵者也。为帖括，为院体书，浸假而为汉人学，为诗歌，为韩欧苏氏之文，樊然不同，而其弋声称、网利禄也一。凡皆吾所谓术，而非所谓鹄者。苟术而非鹄，适皆亡吾学。'"②

原来，论者借此想说的是，学问的最高目的，是学问本身，是纯学术。否则，学问是不自由的，是不可能达于道的：

> 道这个概念，讲起来很麻烦。"道可道，非常道。"老子的话，一言九鼎。《庄子·人间世》也说："唯道集虚。"现代一点的说法，倘若撇开历史上各家各派赋予道的特殊内涵，不妨可以看做是天地、宇宙、自然、社会、人情、物事所固有的因果性和规律性，以及人类对它的超利害的认知，甚至包括未经理性分疏的个体精神的穿透性领悟。如果把道与西哲所论之信仰联系起来，则终极关怀一词也许近于道。学中之道，兼有这两个方面的特征。③

刘梦溪的上述说法遭到了李慎之的尖锐批评。在《什么是中

---

① 章学诚：《章学诚遗书》卷29，文物出版社1985年版，第335页。
② 刘梦溪：《中国现代学术要略》，第7页。另，严复此段文字，请参《严复集》第2册，第275页。
③ 刘梦溪：《中国现代学术要略》，第8页。

国现代学术经典》(1998)①一文中,李慎之指出,本来,刘氏的文章"一上来就点出了中学与西学的不同,也点出了传统学术与现代学术的不同";只可惜,由于作者自身的不自知,以致文章很快就转入了"道术"、"道器"的讨论,从而又跌进了中国学术传统的暧昧模糊之境中。换句话说,就是尽管作者的本意是想分辨清究竟何谓"学术"或"学"与"术",然而,由于自身的"学术"观念的混乱模糊,以致将中西方不同的"学术"观念"时代错乱"、"性质淆乱"地错置在一起,还自以为是自己的高明之处。

李慎之认为,"西学是求真之学,中学是求善之学"。"西学一向从'实然'出发,中学一向从'应然'出发"。② 因此,由中国的"明心见性"的心性之学所求得的"道",无论如何,是与西方的分科之学所求得的"因果规律"根本不同的。面对这种不加分别的混同,他慨然叹道:"我总觉得老一辈的学者第一是国学根底深厚,第二是对异文化新鲜感强,因此很快认识了中学与西学的差别。应该说,他们的认识本来不应该是最深刻的,下一步深入的认识与融化、超越,本来应该由我们这些后辈来完成。但是几亿人口的国家,几千年的传统,惰性实在太深了,学了一些皮毛,慢慢退回到无所谓的状态,让历史或者叫做'时代的'潮流推着走。"③

确实,如李慎之所说,"自古以来,'学术'一词,在号称'一字一音一义'的中文里一直是笼里笼统地用着,从来也没有人想去分辨"。④ 因此,今天我们若要分辨"究竟什么是学术",其问题的提出本身就表明,我们的"学术"观念已经发生了断裂,如果没有西学的东渐,我们恐怕是不会提出这样的问题来的。如是,如果我们不

---

① 李慎之:《什么是中国现代学术经典》,文载《开放时代》1998 年第 5 期,第 5—14 页。此文后收入刘梦溪著《中国现代学术要略》的"附录"中,第 219—242 页。

② 李慎之:《什么是中国现代学术经典》,第 6 页。

③ 李慎之:《什么是中国现代学术经典》,第 8 页。

④ 李慎之:《什么是中国现代学术经典》,第 6 页。

去讨论现代中国的"学术"观念是如何发生断裂的、不去讨论中西学术传统的差异冲突、不去讨论所援引的各种"学术"观念的立论语境和心意所指，①而单单靠几句经典语录的引申发挥、串联排比就想洞穿"学术"这回"事情"的"实质"，就想重构（实则是"捏合"）出新的有效的"学术"观，无异于将几张旧时代的肖像照片随意拼接在一起再重新着色就以为可使灵魂再生、使生命复活。②

姑且不论李慎之的"学术"观念的是非，至少可以肯定的是，当代中国学界的"学术"观，多半如他所言，是混乱模糊的。这种混乱模糊即将"学理—技术"相对待的对象化的学术（科学的、西方的）与"思想—学术"相对待的体悟性的学术（人文的、传统的）和"以学问为目的—以学问为利禄之途"相对待的为学动机（道德的、境界的）不加区别，乱加等同。兹再举一例，以稍加解说。

在《中国 20 世纪文艺学学术史》的"全书绪论"③中，杜书瀛指出，"按照中国的传统的一般的说法，'学'就是'学问'，而'术'，可以看作是获取学问和道理的途径、规程、手段或方法。那么，'学问'是什么呢？'学'与'问'这两个字分开来说，'学'就是学习，'问'就是询问或者问难。……'学'与'问'连在一起组成'学问'一

---

①　单就梁启超的这篇《学与术》来看，至少应该指出的是，它并非纯粹的论学文章，而是借"学"与"术"之分梳来批评今世喜谈时务者不学无术之弊的政论文字。此时的梁启超虽然纯然根据近代西方自然科学的标准来区分（科）"学"与（技）"术"，并强调（科）"学"的价值中立和学术独立性，可此前和此后的他在撰写学术史时，其"学术"观念则与此有着很大的歧异。

②　明白了这一点，也就明白何以作者在讨论了"究竟何谓学术"之后，还要对"什么是学术思想"再加定义："学术思想则是人类理性认知的系统化，而且须有创辟胜解，具备独到性的品格。既系统又独到，属于思维的成果，具有形上之学的特点，这才是学术思想。"（刘梦溪：《中国现代学术要略》，第 8 页。）不知在作者心目中，"学术"与"学术思想"究竟是何关系，有什么区别，又有什么联系？

③　此前该绪论曾分成多篇论文刊载于国内多家学术期刊，全文则首次载于杜书瀛、钱竞主编：《中国 20 世纪文艺学学术史》（上海文艺出版社 2001 年版）第一部卷首。本文所用的是中国社会科学出版社 2007 年的再版本。

词,后来就指专门的有系统的知识和道理。要获得某种专门的系统的知识或道理,就需要有'术'。'术',近代和现代的辞书上说是'手段'、'方法'。"①

按杜书瀛对"术"的定义,显然,这不是"中国的传统的一般说法",而是将今人的"常识"以倒看历史的方式投影到传统身上去。因为,传统中国的"术",实在所指广泛,不仅包括统治手段、生存策略,还包括方技、巫术。而杜书瀛解释的"问",反倒是今天的"学术"观的题中应有之义。以如此"时代错乱"、词典抄录的方式来讨论问题,实在谈不清楚,就只能以常识判断的方式,对"学术"重加定义:

> 学术,作为人类的一种高度自觉的理性的精神活动,就是对对象和问题,按照一定的方向、途径、方法和规程,进行专门的(经过一定训练的、专业性的)研究和探求,以得到系统或体系性的知识和道理。
>
> 我们还要附带说明:任何学术研究活动⋯⋯都会按照一定的学术范型来进行。②

以这样一种概念定义式的、经验总结的、本质主义的和形而上学的奇特混合的思维方式与时髦行话来包装定义的"学术",如何能得"学术"之真义?③

---

① 杜书瀛、钱竞主编:《中国 20 世纪文艺学学术史》"全书绪论",第 5 页。

② 杜书瀛、钱竞主编:《中国 20 世纪文艺学学术史》"全书绪论",第 6 页。

③ 作者由此推论说,"学术史就是这种为了求得系统知识和道理而对某种对象和问题进行专门研究和探求活动的历史;而且,学术研究的重大发展和变化,常常表现为学者进行研究时的学术范型的发展和变化;学术范型的根本不同或重大差别常常是不同学术阶段、不同学术时期、甚至不同学术时代互相区别的显著标志"。(杜书瀛、钱竞主编:《中国 20 世纪文艺学学术史》"全书绪论",第 8 页)这样一种推论显然将极具"主体性"的"学术史"对象化和客观化了,而忽视了"学术史"的"书写性"及其复杂的生成机制。

如果说上述分析还没有充分展示出重构"学术"观的困难，且让我们稍稍拓展一下边界，看看张立文的研究。

在为其主编的《中国学术通史》所写的"总序"①中，张立文一开篇就说："学无确解。无论是中国哲学、中国思想，还是中国学术，真所谓'仁者见之谓之仁，知者见之谓之知，百姓日用而不知，故君子之道鲜矣'。"由此"往往出现不需'难得糊涂'而糊涂的情境"。②

张立文认为，"中国学人之所以面临这种尴尬，一是汉语方块字的一字多义性，而造成词义的不确定、混沌性；二是像哲学、思想作为学科，中国本来没有，是近现代从西方引进的"。③ "西方外来的与中国本土的往往互不契合而有冲突"，于是造成"中国哲学"、"中国思想"、"中国学术"这样一些学科的合法性问题。基于此，他主张，这些学科"决不能照猫画虎式地'照着'西方讲，也不能秉承衣钵式地'接着'西方讲，而应该是智能创新式地'自己讲'"，"自我定义、自立标准"。④ 据此，他分别将（中国）哲学、思想、学术"规定"和"体贴"为：

> 哲学是指人对宇宙（可能世界）、社会（生存世界）、人生（意义世界）之道的道的体贴和名字体系。
> 思想是指人对于宇宙（可能世界）、社会（生存世界）、人生（意义世界）的事件、生活、行为所思所想的描述和解释体系。
>
> 学术在传统意义上是指学说和方法，在现代意义上一般

---

① 该文此前以《中国学术的界说、演替和创新——兼论中国学术史与思想史、哲学史的分殊》为题刊发于《中国人民大学学报》2004年第1期，第1—9页。
② 张立文主编，陆玉林著：《中国学术通史（先秦卷）》，人民出版社2004年版，第1页。
③ 张立文主编，陆玉林著：《中国学术通史（先秦卷）》，第1页。
④ 张立文主编，陆玉林著：《中国学术通史（先秦卷）》，第2页。

是指人文社会科学领域内诸多知识系统和方法系统，以及自然科学领域中科学学说和方法论。①

张立文的立意不可谓不高，信心不可谓不坚定。可是其谈论问题的方式恐难有"其外内依据的合理性和合法性"。首先，如果当代中国学人抱定不与西方学术沟通、对话，纯以传统中国学术的固有方式和内在理路来重新阐释当代现实，当还具有一定的可能性（李慎之所说的学术"冬烘"，指的就是此类）。可是，一旦我们从"哲学"、"思想"和"学术"这样一些现代学科的角度来谈论传统中国的固有学问，就难保我们能逃脱倒看历史的嫌疑。

其次，从作者所作的具体规定和体贴来看，除了在各种现成的说法之外又增加了一种独断之外，实在看不出有何新意。因为，在作者的心目中，似乎"哲学"比"思想"高深，"思想"比"哲学"宽泛。可在一般人的心目中，正因为"思想"比"哲学"更宽泛，可以更形而下，才比"哲学"更超越。如果说，与一般人的意见相反正好是其创见，那么，其在"哲学"与"思想"相区别的基础之上建立起来的"学术"观，除了与现代常识相一致之外，实在看不出究竟把握住了什么中国固有学术的精髓。

作者显然以为，只要规定好了什么是（中国）"哲学"、"思想"和"学术"，就可以理所当然地推论出什么是（中国）"哲学史"、"思想史"和"学术史"。② 这又一次暴露了作者的"自我定义、自立标

---

① 张立文主编，陆玉林著：《中国学术通史（先秦卷）》，分别见第3页、第4页、第5页。

② 作者所推论出的"哲学史"、"思想史"和"学术史"观分别是："中国哲学史是指把人对宇宙、社会、人生之道的道的体贴，以名字的形式，大化流行地展示出来，并力图把形而上之道和形而下之器统摄到体用一源、理一分殊之中的智慧历程。""中国思想史是指人对宇宙、社会、人生的事件、生活、行为的所思所想，以描述和解释的形式，历史地呈现出来的历程。""中国学术史面对的不是人对宇宙、社会、人生之道的道的（转下页）

准"、"自我立法"缺乏"思"的彻底性。因为，即便我们对究竟何谓
"哲学"、究竟何谓"思想"、究竟何谓"学术"的反思具有"思"的有效
性，如果缺乏了对"究竟何谓历史"的反省，也无法保证我们据某种
现成的"哲学"观、"思想"观和"学术"观所（想当然地）推论出来的
"哲学史"观、"思想史"观和"学术史"观不是一种（新的或旧的）形
而上学预设。

### 三、从学术史的内部敞现"学术"的本来属性

除了直接在理论的层面探讨究竟何谓"学术"之外，当代中国
学界还有一种介入"学术"观念论争的路径。这一路径即直接去考
察现代中国学术的历史本身，力图从历史的内部，经验性地敞现
"学术"研究的内在本性。

然而，对现代中国学术的研究，是否如其所是地穷尽了中西古
今学术冲突的历史复杂性，并如其所愿地从中敞现了学术研究的
本来属性呢？

首先是那些以"专门史"的面貌出现的"学术史"研究。这些
"学术史"虽然以"某时段某学科之学术史研究"命名，实则既没有
反思过这样一些"学科"的边界的合法性，也没有反思过"为什么要
进行学术史研究"，以及"学术史研究何以可能"等问题。而是直接
将"学术史"当成了一个现成的客观对象，一个现成的二级学科，要
么画地为牢式地重述了一大堆相关的学术史事实，要么将"学术
史"当成是各种既往的学术"观点"或"结论"的转述或概论史。更

---

（接上页）体贴和名字体系或人对宇宙、社会、人生的事件、生活、行为所思所想的解释体
系，而是直面已有（已存在）的哲学家、思想家、学问家、科学家、宗教家、文学家、史学家、
经学家等的已有的学说和方法系统，并藉其文本和成果，通过考镜源流、分源别派，历史
地呈现其学术延续的血脉和趋势。"张立文主编，陆玉林著：《中国学术通史（先秦卷）》
"总序"。引文分别见第 4 页、第 5—6 页。

有甚者,由于自己亲身参与了当代学术史,因此,其笔下的学术史研究,便沦为话语权的争夺或自我合法性论证。

这样的"研究"理所当然地遭到了深具历史意识与阐释学自觉的研究者的批评。后者将"凡著(中国现代)学术史者,其对于前人之学说,应具了解之同情,方可下笔"这样的阐释学原则视为是学者必须遵守的戒律,因而认为所谓"学术史",其实就是"学人的历史"。研究这样的历史,必须"破除分科治学的畛域,以及种种后出外来的条理系统的成见,将对象作为整体历史的一部分",不仅"由学人见学术",而且还应以四面看山的方式,努力"回到时空特定的历史现场",具有统系、不涉附会地"把握各类乃至各个特定人物的思维行为方式,并以历史演化的态度看待前人前事的位置及其相互关系"。① 用另外一位论者的话来说,就是研究学术史,不仅"要见之于文字",更要"见之于行事"。②

以如是方式"辨章学术,考镜源流",使得论者的相关研究,不仅充分地展示了现代中国学术的历史复杂性,而且还寄寓了某种补偏救弊的良苦用心,让学界获得了某种新的方向感,并借此实现继往开来的自我定位。与此同时,通过"评判高下、辨别良莠、叙述师承、剖析潮流",还为后学展示了"一代学术发展的脉络与走向",以及"尽快地进入某一学术传统"、"先因后创"的方法路径。③

然而,即便如此,当代中国的学术史研究,似仍存在着很大的不足,亟须作出进一步的推进。首先,既然整个现代中国学术史都始终处于"中西古今"的冲突之中,那么,对现代中国学术史的研究,除了要研究传统中国学术的特征及优势之外,势必要考察整个

---

① 桑兵:《晚清民国的学人与学术》,中华书局2008年版,第1页。

② 罗志田:《见之于行事:中国近代史研究的可能走向》,文载《历史研究》2002年第1期,第22—40页。

③ 陈平原:《〈学术史丛书〉总序》,文载戴燕:《文学史的权力》,北京大学出版社2002年版,第1页。

西方学术的演变历程。尤其是现代西方学术史，更是经历了从现象学还原的方法论实践，到存在论转向、语言论转向、文本的结构分析、阐释学意识的自觉、知识考古学、文本的同质性解构、意识形态批判、后殖民话语分析、叙事学分析、符号学分析、文化研究等的剧烈变迁，或从追寻确定性到不确定性、对象性到生成性的范式转型。如果不把它们纳入考察的视野，如何能够厘清"中西古今"冲突的实质？

而一旦要将西方学术（尤其是现代西方学术）的演进历程纳入考察的视野，就必然要考虑"比较学术史"的问题意识和方法论问题。这些问题意识包括：如何看待中西学术演进的不同步或"时代错位"现象？如何把握中西学术的不同范式预设？如何认识中西学术表意范式的巨大差异？如何分析中西学术不同的意识形态特征？如何透视全球的"总体学术史"？……显然，要回答上述问题，当代中国的学术史研究，除了要重构出某种全新的"学术"观之外，还必须重构出某种全新的"全球视野"（世界视野）和"总体历史叙事"预设，以及新的"表意范式"和"全球学术共同体的整合机制"等。因为，一旦我们将"比较学术史"纳入某种现成的世界视野、总体历史叙事、表意范式和学术共同体的整合机制之中，我们必将重陷"中西古今"之争或"自我殖民"的覆辙。

而"比较学术史"的方法论挑战则是：我们如何才能在进入时空特定的历史现场之后，再抽身出来，实现对中西学术史的跨语际跨语境的双重书写？

其次，既然是在从事中国现代学术史的研究，就必然要求对现代中国学术史作批判性反省。而要着手这样的批判性反省，从理论上讲，就势必要质疑"现代"、"中国"、"学术"这样一些概念的现成内涵。而要质疑这些概念，事实上，它就必然要遭遇前述"比较学术史"所遭遇的全部问题。

反观当代中国的学术史研究，究竟有多少著述做到了这一点呢？究竟有多少著述，从各种"具体"的"学术史"研究中超越出来，将自己的学术史研究本身作为为一个知识学的反思对象，去领会柏拉图意义上的"一般"的"学术"？又有多少著述，从一般的"学术史"层面超越了出来，挺进到了思想史？

事实上，当代中国的学术史研究，是有很多机会从目前的状况中超越出来的。只可惜，由于学术史反思的本体意识的匮乏，使得我们只能一再地错失机遇。最近两年颇为流行的"新时期 30 年"和"共和国 60 年"学术史的"回顾与反思"热，就是其中最典型的案例之一。

本来，当学界开始着手反思"新时期 30 年"的学术史时，其心目中已天然地假定或承认了"共和国前 30 年"与"后 30 年"学术史的"断裂"。由是，当人们迅速把回顾与反思的时段从"新时期 30 年"扩展到"共和国 60 年"再扩展到"新文化运动 90 年"的时候，人们应该意识到：如果我们真的要揭示这三个 30 年传统的"断裂与传承"、"并置与重叠"，那么，我们就必须超越那种整体主义的、本质主义的和线性进化的"学术史观"，而发展出一种新"学术史观"。可学界是否普遍做到了这一点呢？

从相当一部分著述仍习惯简单地根据年代的线性递进而"全景"式地提供一种学术现象的扫描，并根据某些外在的标志性事件作历史的分期来看，尽管学者们在理论上都主张要打破那种线性发展的眼光，但在实际的历史书写中，所遵循的依然是那种线性进化叙事。由此恰可以反证出，"共和国 60 年"学术的"连续性"。

90 年代以来，后现代学术思潮对当代中国学界造成了巨大的冲击。与此相伴随的是"（后）国学热"的兴起与"科学意识形态"化的、技术化的、实证主义的学风蔚为主流。所有这些现象究竟具有什么样的复杂关系，"新时期 30 年"学术史研究中，也少见有深度的分析。

由是，透过当代中国的学术史研究热，我们所得到的经验便是：如果前述"比较学术史"的问题意识和方法论问题始终得不到正视，那么，当代中国的学术史研究，便不可能超越一己的偏狭视野（或单一学科视野的制约），深入到学术史的内部，去揭示"学术之为学术的本性"，以及"学术思想创生的隐秘机制（或学术传统的生成机制）"；更不可能实现对现代学术（包括现代西方学术）的内在局限的批判，并展现出一种新的研究范式的可能。

## 四、"学术"观念的重构与
## 学术史反思的问题域

原本以为，通过学术史的考察，我们能够有效地避免形而上地谈论究竟何为"学术"的陷阱，并经验地触摸到"学术"的本来特征；谁曾想到，如此路径选择，竟然为我们引出了更多更复杂的问题。当代中国学界当如何努力，才能获致一种有关"学术"的自明性认知呢？

如果前述批判是成立的，我们认为，唯一的办法，就是彻底改变问题的谈论方式，不再把"学术"当成是一个客观的、外在的"对象"，而将之视为是一个与讨论者切身相关的人类精神的"存在事件"，对之做出本源性的描绘和分析。换言之，就是将反思者在先地置入与"学术"和"学术史"的内在关联之中，从"人类何以需要学术"——即"学术的原初起源"的角度去追问"学术"的结构性要素和发生性动力。因为只有这样，我们才能避免重犯各种本质主义与经验主义、时代错乱和性质淆乱的错误，为各种错综复杂的学术观念找到一个共通的平台或参照系，全方位地评估其洞见及缺失。

从这样一个角度看，究竟什么是学术呢？

首先，学术是某种知识者个体为探求知识与真理（对什么是"知识"和"真理"的认知随时代的变化而有别）而必须掌握并付诸实践的"技艺"。其次，学术还是知识界的"共业"或曰"天下之公器"。第三，学术并非一自身封闭的静态领域。作为广义的制度化的文化创生的核心要素之一,学术不仅与学人所置身的地方性氛围与时代气候有着微妙的关联,还与特定的政治权力与意识形态、国家建构和世界体系,以及特定的学术生产机制和文化传统有着某种非此不可的关系。

如果上述说法具有某种自明性,那么,基于上述说法出发所给出的如下直观,就应该具有其内在的合法性:

如果"学术"的确包含上述结构性要素,那么,这些结构性要素是如何获得其发生学的动力的呢?换言之,就是"学术"是如何形成自身的历史和传统的?如果某种简单的逻辑推论注定是不合法的,那么,我们当如何深入到学术史的生成实际之中,去具体地分析倘若学术意味着某种探求知识的"技艺",这种"技艺"为何对学人有着如此巨大的吸引力?学术作为一种"技艺",它与学者的生命遭际和才性差等究竟具有一种什么样的关系?

不仅如此,"学术界"也并非一个自身透明的"同质体",而往往有着学派家法的门户壁垒、观点立场的正常歧异、沿海内地的不同步落差、北方南方的地域性特征。而在这些差别与歧异中,无不充斥着正统与异端、官方与民间、中心与边缘的权力斗争。以现代中国学术史而论,由于西学思潮的大量涌进和西方学术分科制度的横向移植,不仅产生了新式的"现代"学科门类的"隔绝",据说还产生了所谓社会阶级的分野与权势转移。因此,倘若学术乃是知识界的共同志业,那么,这是一种什么意义上的共业呢?究竟是一种什么机制使然,令这一充满歧异、对立,甚或隔绝的知识界,竟然形成了一种知识共同体?又是什么原因所致,使当初的那些差异或对立最终出现彼此走向其原先所反对的对立面的"悖论情形"?

尤为困难的是,假若学术与学人所置身的特定的地方性氛围和时代精神、意识形态与政治权力、世界体系与国家建构,以及特定的学术生产机制与文化传统有着错综复杂的联系;那么,学术变迁是如何与这些因素的变动与更迭构成互动关联的呢?在这一互动关联中，作为知识探求的主体的学人究竟承担了什么样的使命？又充当了什么样的角色？

如果要换一种说法，上述问题的实质，就是究竟何谓学术史？究竟何谓学术传统？如果我们仍想从本源性的层面来把握这一问题，而不是将之当作某种对象化的、经验化的事实，那么，我们就必须坦然地面对前述"学术"和"学术史"在"学术—思想"、"科学—人文"、"专家—通人"、"学术—政治"、"西化—自主性"、"全球化—中国化"、"求是—致用"之间的双重性选择困境本身之"连续—断裂"的"事实本身"，并努力从其动态的变迁过程中把握住某种隐秘的学术史和学术传统的"生成"特质：

首先，倘若一时代之新学术即一时代之学术思想资源的拓展（包括学科领域的辟划）和问题意识的变更，以及在此拓展了的学术思想资源的"极限空间"语境内，用变更了的方法解决此变更了的问题；①那么，所谓学术共同体的形成，就是秉承了大致相等的学术资源和大致相当的问题意识，并用大致相通的解决办法解决此共同问题的学者群体的出现或形成。而所谓学术的对立与分歧，便是因学者所秉承的学术资源、问题意识和解决办法之间的差异或对立所致。

只不过，这样的对立或差异为什么会如此明显而尖锐呢？其原因大致无外乎是：尽管一时代之新学术拓展了一时代之学术思想资源的"极限空间"，一时代之社会历史变迁刺激起了一时代之新问题；然而，处此学术思想资源的"极限空间"语境内，应对此新问题，不同的人却只看到社会历史变迁之不同的面相，不同的人处

---

① 相同的意思，陈寅恪早在《陈垣〈敦煌劫余录〉序》（1930）一文中说得很明白："一时代之学术，必有其新材料与新问题。取用此材料，以研求问题，则为此时代学术之新潮流。治学之士，得预于此潮流者，谓之预流（借用佛教初果之名）。其未得预之，谓之未入流。此古今学术史之通义，非彼闭门造车之徒，所能同喻者也。"见陈寅恪：《金明馆丛稿二编》，生活·读书·新知三联书店2001年版，第266页。

身于不同的历史情势之中,受到不同势力和利益的制约与牵扯;因此,"学术"也必然成为各种力量对立冲突的"场域",以成就不同的学术主体的现实人生关怀和个体生命安顿。

通常情况下,这些"对立或一致"都能为历史中的学术主体所敏感、所觉察,且被明确表述。然而奇妙的是,对于那些历史中的学术主体来讲,这样的"一致或对立"往往都带有"虚悬想象"的夸大或缩小成分。如果这些历史主体碰巧再缺乏对自身之现实人生关怀和个体生命安顿的关注方式与安顿方式的有效反省,那么,这自然会使学术演进的真正走势变得更加扑朔迷离。

如是,所谓"学术史",就不单单只是各种学术的操作"技艺"——即问题、材料、方法的"承继与断裂史";更主要的,它还是一种使各种问题、材料和方法得以产生的历史情势所编织成的"语境"的断裂与拓展史。而学人的精神与生命,则充当了沟通此"技艺"与"语境"的中介或触媒。在此"存在层面"上,所谓学术史,就是由历史中的学术主体对学人与社会、学人与学术、学术与生命之间的本源性关系之"自我领会"所生成的"精神演化史"。学术史"本然"地处身于这多层次多向度的复杂关系之中。学术史就是由这些不同层面、不同向度之关系的牵扯互动、生发演变而成。在此意义上,所谓"学术传统",就必然意味着从这些复杂的关系中,历史地呈现出了某种对当代的学术研究仍有启示性或有效性的学术思想资源的拓展方式、问题的领会方式和解决方式,以及现实的关注方式和个体生命的安顿方式。换言之,所谓学术传统,就是在学术资源、学术思想、学术方法之沿革变迁中,呈现出了在研究立场、学术分科、理论基点、价值诉求和学术精神等方面为某一学术共同体所认同的某种自明性预设。

倘若此梳理尚有某种自明性,那么,所谓学术传统的断裂与变迁,就必然意味着某一"学术共同体"在研究立场、学科体制、理论基点、价值诉求和学术精神等方面的自明性认同的丧失。与此同时，由于学术研究在本质上的书写性或言说性，由此，学术传统的断裂与变迁，一方面就必然是通过其表述方式而呈现出来的断裂与变迁，而另一方面，则同时又是其表述方式本身的变迁与断裂。也就是说，学术断裂甚至意味着某种学术之表述策略的自明性认同的丧失。

如是，任何学术史反思，其本己使命就必然是：不仅要发现种种"旧有"的和"新出"的芜杂的学术资源之间的隐秘联系，挑战和修正某些传统的或习见的"偏见"与"伪知"；而且要投入到历史与现实的具体情境中，去重建那为一代又一代学人所曾经领会过并明确表述出来的，或事实上触及到了但尚未被明确意识到的，或至今仍未被发现而本身是存在的学术研究在研究立场、学科体制、理论基点、价值诉求和学术精神、表述策略的自明性认同，并透过此重建，去领会"学人与社会、学人与学术、学术与生命"之间的种种非此不可的本源性联系。

倘若学术史从这样一些角度和层面得到了有效清理，庶几我们能够领会到究竟何谓"学术"的真义。事实上，也只有从这些角度出发，才可能真正领会陈寅恪所揭橥的学术至境：

> 自昔大师巨子，其关系于民族盛衰学术兴废者，不仅在能承续先哲将坠之业，为其托命之人，而尤在能开拓学术之区宇，补前修所未逮。故其著作可以转移一时之风气，而示来者以轨则也。①

---

① 　陈寅恪：《〈王静安先生遗书〉序》，见《金明馆丛稿二编》，第247页。

# 第二章　现代中国学术的语境与
## "学无中西"论

## 一、"学无中西"论的历史吊诡

1911 年初,罗振玉始创《国学丛刊》。在此刊的"发刊词"(即世人所熟知的《〈国学丛刊〉序》)中,王国维如是说:

> 学之义不明于天下久矣。今之言学者,有新旧之争,有中西之争,有有用之学与无用之学之争。余正告天下曰:"学无新旧也,无中西也,无有用无用也。凡立此名者,均不学之徒,即学焉,而未尝知学者也。"①

此段文字议论至为精核,因此常被后人称引,并一度(民初)被当作某种"时代共识",或再度(90 年代)被当作一"时代共识"的代表性陈述,视为是百余年来中国学界在中西古今冲突的历史对垒情势中,对自身之研究立场的自明性裁决。然而此自明性裁决果真具有自明性吗? 或者当今学人已恰如其分地领会了此自明性?

---

① 王国维:《〈国学丛刊〉序》,见《观堂集林》(下),河北教育出版社 2001 年版,第875 页。

结论恐怕是否定的，因为，若详绎王国维遗文，并考之以史实，此间或有诡异之处，至今尚未为人所论及。

其诡异之一在于，此序本来是为《国学丛刊》而写的，可为何在此文中，王国维于时人所争论已久的"国粹"、"国学"未发片言只语，却对所谓普世性的"学之义"详加辨析？

而诡异之二则是，此论本为王国维所提倡，可此后的发展情形却表明，王国维本人似日益疏离其早年所标举的"学术独立"之超越性立场，日趋"保守"；而时风日趋激进务实、最后竟导致整体性地否定传统的尊西崇新的知识界却反倒在学术上多心仪此"中西融通"的治学胜境。这到底是王国维"背弃"了其自身的学术立场，还是人们对此论的理解本来就与王国维的表述本身有差距呢？抑或，"学无中西古今有用无用之别"的论断本来就缺乏自明性，不同的人自有不同的领会？

最让人感到吊诡的，则是某些言必"融通中西"的后世学者，大多停留于所谓"中西捏通"的层次，甚至远不如；而仿若"背弃"了自身之学术立场的王国维，反倒获得了真正的"融通中西"的学术实绩！究竟是什么因素使然，使得其间竟产生了如此大的差别？

## 二、"学无中西"论的论争语境

面对这诸多诡异，若《〈国学丛刊〉序》一文本身没有提供什么解答线索的话，那么，在何处能找到可能性的提示呢？或许，《论近年之学术界》一文便泄露了个中天机。

《论近年之学术界》发表于1905年初，其本意乃是为输入西洋纯理之学说张目的。然而，与时人之论输入西学颇为不同是，王国维的论述恰恰以批判这些时论与时尚为出发点的。王国维是如何为其反常姿态进行论证的呢？首先，通过对我国学术思想变迁之大势的梳理，王国维指出，"外界之势力"和"外来之学说"影响我国学术岂不大哉,然自近世西学输入以来,我国思想之停滞仍略同于两汉者,其原因不外乎:近世以来西洋输入中国之各等学说"皆形下之学,与我国思想上无丝毫之关系"、"其所最好者"也"非哲学的而宁科学的","此其不能感动吾国之思想界也"。近三四年以来,国朝士人虽有受西洋之学说感动而附和此说者,然此感动非出于知识而出于情意,于彼等学说之"根本思想懵然无所知"即采其枝叶"以图遂其政治上之目的",由学术上观之,自毫无价值。也有"蒙西洋学说之影响而改造古代之学说"者,虽震人耳目而一脱数千年思想之束缚,然"易之以西洋已失势力之迷信",则"其学问上之事业不得不与其政治上之企图同归于失败者也"。还有最近新兴报章杂志之执笔者之流,"非喜事之学生则亡命之逋臣","本不知学问为何物而但有政治上之目的"。又观近数年之文学,也不重文学自身之价值而唯将其视为政治教育之手段,与哲学无异。"如此者其亵渎哲学与文学之神圣之罪固不可逭,欲求其学说之有价值,安可得也? 故欲学术之发达,必视学术为目的而不视为手段而后可。"①

　　不仅晚清各派学人之著译均遭王国维的批判。对于国内学校"大学之本科尚无设立之日"之现状和海外留学界"或抱政治之野心或怀实利之目的","以纯粹科学专其家"而绝无"接欧人深邃伟大之思想"的取向,王国维也提出了尖锐的批评。更进一层,王国维还深入到了政权合法性与文化批判的层面,对朝廷视哲学为"酿乱之异端"从而拒绝吸纳的策略,与国民因"固实际的而非理论的"性格而嫌忌西学皆两约之玄谈的心理,也作出了批判性的反省。自然,若从学术之本性上看,"非常之说,黎民之所惧"。此在西方尚且如是,何况在风俗文物如此殊异的中国呢? 因此,西洋纯粹之

---

① 王国维:《论近年之学术界》,见《王国维遗书》第五册之《静庵文集》,上海古籍书店1983年版,第96页。

思想之输入中国，非与我中国固有之思想相化，决不能保其势力。然而，这绝不能成为国内学界强分中学西学的口实。国内学界之所以如此不堪，其根源恰恰在于人们没有领会到：

> 知力人人之所同有，宇宙人生之问题人人之所不得解也，其有能解释此问题之一部分者，无论其出于本国或出于外国，其偿我知识上之要求而慰我怀疑之苦痛者则一也。同此宇宙，同此人生，而其观宇宙人生也，则各不同。以其不同之故而遂生彼此之见，此大不然者也。学术之所争，只有是非真伪之别耳。于是非真伪之别外而以国家人种宗教之见杂之，则以学术为一手段而非以为一目的也。未有不视学术为一目的而能发达者，学术之发达存于其独立而已。然则吾国今日之学术界，一面当破中外之见而一面毋以为政论之手段，则庶可有发达之日欤？①

　　也就是说，在王国维的心目中，真正的学问不但超越了形而下学，而且超越了国家人种宗教之政论；真正的学术只有是非真伪之别，真正的学术与学者的生命安顿有着某种非此不可的普世性关系。

　　正是因为有着如此具体现实的针对性和如此广泛复杂的"打击面"，正是因为有着如此层次丰富的学术体认与文化关怀，正是因为有着如此普世性的理论地基，在《〈国学丛刊〉序》中，王国维才辟首就提出："学无新旧也，无中西也，无有用无用也。凡立此名者，均不学之徒，即学焉，而未尝真知学者也"，并为其心目中真正的"学"作出了进一步的理论敞示。

　　什么是真正的"学"呢？"学之义广矣"，兼具知行。若专以知

---

　　①　王国维：《论近年之学术界》，见《王国维遗书》第五册之《静庵文集》，第97页。

言,由于其治学之目的与表述之性质的不同,当分为三大类:科学、史学与文学。"凡事物必尽其真,而道理必求其是,此科学之所有事也。而欲求知识之真与道理之是者,不可不知事物道理之所以存在之由与其变迁之故,此史学之所有事也。若夫知识、道理之不能表以议论,而但可表以情感者,与夫不能求诸实地而但可求诸想像者,此则文学之所有事。古今东西之为学,均不能出此三者。"①由此视之,之所以有一国之学与一人之学的差异,不过是一国之民的性质境遇所至,使其长于此学而短于彼学;或受承学之士的资力与岁月所限,使其不能不有所舍取选择而已。世之人不明此义,不仅提出了种种粗陋不堪的不稽之论,即如真正之"国粹"学者,也栖栖惶惶、煞费苦心地区分"君学"与"国学",并期冀以此来重建所谓"有用"的"国学"。②

　　由是而论,《〈国学丛刊〉序》所谓"学无新旧中西有用无用之争"的立论根基,其实早在《论近年之学术界》一文中即已预示。只不过,由于学术界"中旧西新"的权势转移,此时的王国维似已不必再为输入西方之纯理学说张目,倒是相反——必须为"国学"申辩,并凸显其对作为"科学、史学与文学"的"国学"的极度从容与自信。

　　此自信与从容的现实落脚点何在呢? 即在《论近年之学术界》一文开头所揭示的"至今日第二佛教又见告矣",中国文化当处于"受动之时代出而稍带能动之性质"的时代定位。正是基于此文化本位立场的历史定位与自我期许,王国维才毫无妨碍地一边指斥"近数年之思想界岂特无能动之力而已乎,即谓之未尝受动亦无不可"、③"中国今日实无学之患,而非中学、西学偏重之患";④而一边

---

① 王国维:《〈国学丛刊〉序》,见《观堂集林》(下),第 875 页。
② 罗志田:《国家与学术:清季民初关于"国学"的思想论争》,生活·读书·新知三联书店 2003 年版。
③ 王国维:《论近年之学术界》,见《王国维遗书》第五册之《静庵文集》,第 96 页。
④ 王国维:《〈国学丛刊〉序》,见《观堂集林》(下),第 876 页。

颇为自信地谈论以学问为目的的、有万世之用的真理之学。

## 三、"学无中西"论的本源性理据

然而对"国学"亦即"学"如此自信的王国维，为何在辛亥革命后即仓皇东渡日本，此后与主流知识界的氛围日益疏离，最后竟以身殉学呢？究竟是现实政治的变迁最终击溃了其文化自信？还是其学术本位的研究立场本身在理论上就有所缺失、不堪一击？换言之，王国维的以身殉学，究竟是对其学术立场的生命弘扬，还是一种无法承受的必然失败与衰落的验证？

暂且撇开其治学实绩不论，且先来梳理《〈国学丛刊〉序》一文中的论证。

在《〈国学丛刊〉序》一文中，王国维在论述了学有三分之后，紧接着指出："然为一学，无不有待于一切他学，亦无不有造于一切他学。故是丹而非素，主人而奴出，昔之学者或有之，今日之真知学、真为学者可信其无是也。"①循此体认出发，所谓"学无中西"的论证，也就如某种自然之势而道出的结论：

> 余谓中、西二学，盛则俱盛，衰则俱衰。风气既开，互相推动，且居今日之世，讲今日之学，未有西学不兴而中学能兴者，亦未有中学不兴而西学能兴者。……故一学既兴，他学自从之。此由学问之事，本无中西，彼鳃鳃焉虑二者之不能并立者，真不知世间有学问事者矣。②

由是，王国维的"学无中西"论，就不只是为中西学提供的一

---

① 王国维：《〈国学丛刊〉序》，见《观堂集林》(下)，第 875—876 页。
② 王国维：《〈国学丛刊〉序》，见《观堂集林》(下)，第 877 页。

种合法性论证,也不只是指一种具体的治学路径,而将其内在奥义提升到了文化创生之本源性理据的层次。什么是文化创生的本源性理据呢?综观王国维的论述,此本源性理据即学术文化之所以得以创生,其秘密就在于有一种"此学与彼学"、"自文化与他文化"之交互发生的隐秘机制作用在其内。学术研究的根本前提,就在于学者能否领会到并将自己的研究置身于这一机制之中,内化于这一机制,成为这一机制不可分离的一部分。这就是所谓"学无中西"之争的绝对性:惟植根于中西之种种分科之学交互生发的关系之中,此外,绝无任何真正之学之创生的可能。①

　　王国维的这一论断具有十分重要的思想史意义。近世以来,西力东侵、西学东渐,中国社会与学术文化均遭遇两千年未有之巨变。在这种巨变之中,传统中国"西方蛮夷边缘"、"华夏文明中心"的文化想象迅速解体,"西方他者"、"自我主体"的观念在中国学界逐渐形成。然而,究竟该如何领会并重构这一"自我"与"他者"的新型关系呢?以王国维的天资和敏锐,无疑,他在中国文化变迁的大势和中西文化交往互动的历史中看到了裁决的途径,这一途径即在本源性的层面上,中西学术秘响旁通、交互发生。在存在论的层面上,自我与他者的关系也如是。

　　王国维不仅从理论上论证了"中学西学"的交互发生,而且从

---

　　①　同样,王国维也是从此交互生发的立场出发,论证"学无有用无用之别"的。在接下来的文章中,他说:"夫天下之事物,非由全,不足以知曲;非致曲,不足以知全。虽一物之解释,一事之决断,非深知宇宙、人生之真相者不能为也。而欲知宇宙、人生者,虽宇宙中之一现象,历史上之一事实,亦未始无所贡献。故深湛幽眇之思,学者有所不避焉。迂远繁琐之讥,学者有所不辞焉。事物无大小、无远近,苟见其得其真,纪之得其实,极其会归,皆有裨于人类之生存福祉。己不竟其绪,他人当能竟之。今不获其用,后世当能用之,此非苟且玩愒之徒所与知也。学问之所以为古今、中西,所崇敬者,实由于此。"参《观堂集林》(下),第877—878页。

实践上提供了可供来者效法的典范与轨则。① 王国维的文化使命使他毅然地站上了学术创生的绝对性立场，并将其视为生命的绝对价值和依据。

　　然而，正是由于这一宏大的文化抱负和自我期许，将王国维逼上了生命的绝境。② 因为，当辛亥革命后日渐激进的历史情势与个人的现实遭遇必将使这种本源性的交互发生关系在现实层面遭遇根本性断裂，从而使其从根本上丧失存在的理由时，不死何以能彰显其文化使命的价值与意义？ 由是可以解释，在《王观堂先生挽词并序》（1927）中，陈寅恪何以提出了如下假设：

　　　　凡一种文化值衰落之时，为此文化所化之人，必感苦痛，其表现此文化之程度愈宏，则其所受之苦痛亦愈甚；迨既达极深之度，殆非出于自杀无以求一己之心安而义尽也。③

## 四、"学无中西"论的逻辑缺失

　　然而，从理论上讲，王国维的"学无新旧中西有用无用"论并非

---

　　① 陈寅恪在《〈王静安先生遗书〉序》一文中云："先生之学博矣，精矣，几若无涯岸之可望，辙迹之可寻。然详绎遗书，其学术内容及治学方法，殆可举三目以概括之者。一曰取地下之实物与纸上之遗文互相释证。……二曰取异族之故书与吾国之旧籍互相补正。……三曰取外来之观念，与固有之材料互相参证。……此三类之著作，其学术性质固有异同，所用方法亦不尽符会，要皆足以转移一时之风气，而示来者以轨则。吾国他日文史考据之学，范围纵广，途径纵多，恐亦无以远出三类之外。此先生之书所以为吾国近代学术界最重要之物产出也。"见《金明馆丛稿二编》，第247—248页。

　　② 有关王国维死因的详情，可参卜慧新：《重读〈王观堂先生挽词并序〉》，文载北京大学中国中古史研究中心编：《纪念陈寅恪先生诞辰百年学术论文集》，北京大学出版社1989年版，第35—44页。

　　③ 陈寅恪：《王观堂先生挽词并序》，见《诗集》，生活·读书·新知三联书店2001年版，第12页。

没有缺失。相反,此缺失不但触及根本,而且还很要命。此缺失何在呢?即在其"学无新旧"之论与"学无中西"之论之间的断裂。

在分辨"学无新旧"的那一段中,王国维如是说:

> 何以言学无新旧也?夫天下事物,自科学上观之与自史学上观之,其立论各不同。自科学上观之,则事物必尽其真而道理必求其是,凡吾智之不能通而吾心之所不能安者,虽圣贤言之有所不信焉,虽圣贤行之有所不慊焉。何则圣贤所以别真伪也,真伪非由圣贤出也;所以明是非也,是非非由圣贤立也。自史学上观之,则不独事理之真与是者,足资研究而已,即今日所视为不真之学说、不是之制度风俗,必有所以成立之由,与其所以适于一时之故,其因存与邃古,而其果及于方来,故材料之足资参考者,虽至纤悉不敢弃焉。①

与王国维论"学无中西"相比,这段文字有什么特点呢?详绎遗文,其特点就在于,当王国维从学之性质差异将"旧学"之一部分梳为求真之"史学"时,无意中将"旧学"之"史学"部分当成了"对象",将"科学"部分当成了某种"本质"之学,从而未能触及"旧学"研究之阐释学原则,更遑论建立其历史哲学。② 也就是说,在将时人所普遍热衷的"进化论"斥为形下之自然科学而与生命慰藉不相关的同时,王国维显然忽略了继续追问:在生命存在的"过去、现在与未来"纬度上,"文化"创生的复杂生成机制究竟是怎

---

① 王国维:《〈国学丛刊〉序》,见《观堂集林》(下),第 876 页。

② 这与王国维的自我体认是相一致的。在《〈静庵文集续编〉自序二》中,王国维如是自述说:"今日之哲学界,自赫尔德曼以后未有敢立一家统者也。居今日而欲自立一新系统、自创一新哲学,非愚则狂也。……以余之力,加之以学问以研究哲学史,或可操成功之券,然为哲学家则不能。"参王国维:《王国维遗书》第五册之《静庵文集续编》,第 22 页。

样的？

在生命存在的"过去、现在与未来"维度上，"文化"创生的复杂生成机制究竟是怎样的呢？事实上，若从中西学术这一"自我"与"他者"互动生发的立场反观"新旧"之学，是很容易把"新旧之争"也领会为今之"自我"与古之"他者"的"论争"的。若是，"新"与"旧"、"古"与"今"之间的互动生发关系就必然会进入我们的反思视野。而若从这一中西之学之"自我"与"他者"与新旧之学之"自我"与"他者"的互动生发立场推论，那么，这一生成机制就是这样的：中西新旧之学的交互发生必将把任何置身于这一立场的学人都携入一超越时间地域而又共同在世的同一境界，同一存在境域之中。也就是说，在本源性的意义上，对某种自我与他者的交互发生性关系的领会，不仅将使自己置身进某种文化共同体的创生机制之中，同时也置身进某种文化共同体的整合机制里。换言之，文化共同体在某种交互发生性关系中创生，也在某种交互发生性关系中重新凝聚。

而这样一种发生机制与整合机制，或许大体可以从陈寅恪的如下一段议论中引申得出：

> 凡著中国古代哲学史者，其对于古人之学说，应具了解之同情，方可下笔。盖古人著书立说，皆有所为而发。故其所处之环境，所受之背景，非完全明了，则其学说不易评论，而古代哲学家去今数千年，其时代之真相，极难推知。吾人今日可依据之材料，仅为当时所遗存最小之一部，欲藉此残余断片，以窥测其全部结构，必须备艺术家欣赏古代绘画雕刻之眼光及精神，然后古人立说之用意与对象，始可以真了解。所谓真了解者，必神游冥想，与立说之古人，处于同一境界，而对于其持论所以不得不如是之苦心孤诣，表一种之同情，始能批评其学说之是非得失，而无隔阂肤廓之论。否则数千年前之

陈言旧说，与今日之情势迥殊，何一不可以可笑可怪目
之乎？①

对文化创生在时间维度上的交互发生机制的领会，一方面必
将导致学界对种种文化相对主义、文化民族主义和文化实用主义
的拒斥，一方面为保持自身的开放性和独特性提供充分的理据。
然而王国维的"学无新旧中西有用无用之别"的论断，只是在部分
层面达到了这样的深度。这或可从另一个层面解释，为何在辛亥
革命之后，以真理之探求为自己神圣之天职的王国维，会在对其所
反对的对立面力量之夸大式的"虚悬想象"之中，越来越丧失其开
放性，最终竟投水自沉！

或许陈寅恪也不愿触及王国维的论断在此"解释学"和"历史
哲学"层面的缺失，因而在《〈王静安先生遗书〉序》一文中，不得不
曲为解释说："寅恪以谓古今中外志士仁人，往往憔悴忧伤，继之以
死。其所伤之事，所死之故，不止局于一时间一地域而已。盖别有
超越时间地域之理性存焉。而此超越时间地域之理性，必非其同
时地域之众人所能共喻。然则先生之志事，多为世人所不解，因而
有是非之论者，又何足怪耶？"②

而惟有从此时间、历史维度的文化创生与文化整合之交互发
生的立场出发，陈寅恪在《冯友兰〈中国哲学史〉下册审查报告》一
文中所提出的"中国文化本位立场"，才能获得恰当的解释：

窃疑中国自今日以后，即使能忠实输入北美或东欧之思
想，其结局当亦等于玄奘唯识识之学，在我国思想史上，既不

能居最高之地位，且亦终归于歇绝者。其真能于思想上自成系统，有所创获者，必须一方面吸收输入外来之学说，一方面不忘本来民族之地位。此二种相反而适成之态度，乃道教之真精神，新儒家之旧途径，而二千年吾民族与他民族思想接触史之所昭示者也。①

可惜当今学界大都仍未悟及此义，仍从某种抽象的"古今中西融通"立场出发，虚悬一"学术独立"的本体，并以此反观王国维之自沉，因而重蹈某种"经世"与"为学"相冲突的分析范式的覆辙。②这是否恰反证出了百余年来的中国学术史，至今仍未在观念层面找到自身之自明性的研究立场呢？

---

① 陈寅恪：《冯友兰〈中国哲学史〉下册审查报告》，见《金明馆丛稿二编》，第284—285页。

② 夏中义：《九谒先哲书》"第二书"，上海文化出版社 2000 年版，第 22—52 页。

# 第三章　现代中国学术典范的内在缺失

## 一、"学有三分"论与现代学术分科谱系

秉持其"学术独立"与"交互生发"的理据，王国维一举廓清了晚清以来朝野"学有中西之别、新旧之异、有用无用之分"等论断的迷思，从而使隐没不彰的学之真义重新彰显出其本来的魅力。然而，与"知行不离、政学不分"的传统中学相较，"凡学必有分科"的西学简直就是一种截然不同的"知识谱系"，这期间不可能没有分别；与此同时，作为应对晚清以来国运衰退的政治措施之一，新学的兴起、学堂的设立本身乃是国家重构和文化更生的"现代"宏伟规划的一部分，不可能仅关学术而不带任何政治功利性；再加上全面引进西学还有可能导致国学衰微，并步入文化殖民与自我殖民的陷阱；因此，王国维不可能不明白，学并非没有中西古今之争和有用无用之别。可既然如此，王国维为何还要反复申说"学无中西古今之争有用无用之别"呢？王国维的此一超越性立场是如何获得其现实的落脚点的？

暂且撇开这一问题不谈，且先再来看看王国维在《〈国学丛刊〉序》中的论证。

在指出"学有三分"之后，王国维接着论述说：

　　凡记述事物而求其原因、定其理法者，谓之科学。求事物变迁之迹而明其因果者，谓之史学。至出入二者间而兼有玩物适情之效者，谓之文学。然各科学有各科学之沿革，而史学又有史学之科学。若夫文学则有文学之学焉，有文学之史焉。而科学、史学之杰作亦即文学之杰作，故三者非黐然有疆界，而学术之蕃变，书籍之浩瀚，得以此三者括之焉。①

　　也就是说，在王国维看来，不仅学可以区分为科学、史学与文学，而且各科学亦有各科学之沿革、史学有史学之科学，而科学、史学之杰作亦即文学之杰作，文学也有文学之史和文学之学。换句话说就是：首先，学可以划分为探求事物的本质规律之科学，明辨事物变迁之史学，和玩物娱情之文学；然而这并不是说，科学、史学与文学从此就分属于三个彼此互不交界泾渭分明的并列领域，因为一学之中，同时也具有一学之中的科学、史学与文学。

　　"学有三分"既意味着学之三个彼此区别的不同领域，同时又意味着学之三个彼此交互关联错置的不同层面和维度。联系前述"学术独立"及其"交互生发"的论断，那么，所谓"学有三分"，它的真正意思就是：凡天下之学，无不分属于科学、史学与文学之不同领域；凡天下之学，又无不同时具有不同层面与维度之科学、史学与文学；而凡天下之学，无不处于这学之不同领域和不同维度之交互发生的复杂关系之中。

　　如是，王国维的"学有三分"论就不仅为学之划分确立了标准，而且明确地重构出了一种新的学术分科的谱系。

　　只是，王国维的这一论断究竟具有什么样的现实针对性呢？

　　众所周知，自晚清以来，在中学日益丧失其竞争力的情况下，包括朝野在内的整个知识界渐次获得的一个基本共识就是必须废

------

　　①　王国维：《〈国学丛刊〉序》，见《观堂集林》下册，第875页。

科举、兴学堂、采西学。然而,由于此事深关国家民族之命运与文化之前途,实乃中国两千年教育、制度与文化之从未有过的变局与创举,因此使其主张者不得不慎思明辨:究竟该如何兴办学堂,又该如何引进西学?

撇开其他方面不谈,仅就"学术"本身而论,由于"知行不离、政学不分"的传统中学与"凡学必有分科"的近代西学之间的巨大差异,晚清知识界遭遇的一个根本问题就是:究竟该如何为学堂设置合理的学科体系,才能保证在引进西学的过程中,一方面达到开民智强国家的目的,另一方面又不至于丧失自身的存在信仰和文化身份? 换言之,就是究竟如何才能为"中西"这两种截然不同"知识谱系"找到具有"现代"通约形式的划分方式,才能既从理论上为"整合"这两种迥然有别的"学术分科"制度找到合法性,又在实践方面重构出"现代"中国的知识谱系并成功地促使其文化转型?

由是,自晚清以来朝野所谓"中西古今"之学的冲突,在理论层面就表现为学术分科标准之确立与现代学科谱系之重建的难题,而在实践层面则落实为学科设置之艰难的制度安排与调适。

究竟该如何处理这个一体两面的难题呢? 趋新知识界的一个共同倾向当然是全面移植"泰西学制",并以此方式从"传统"中发现"现代";而朝廷的官方立场则希望以"旧学为体,新学为用"的方式"调和中西";至于相对边缘的士人,则主张在引进泰西学制之外,尚须区分"君学"与"国学"或"官学"与"私学"以"保存国学"直至"古学复兴"。①

然而,由于所有这些立场都未能领会到学之真义,且预设了种种"新与旧"、"体与用"、"官学与私学"、"政治干预与学术独立"的

---

① 参刘龙心:《学科体制与近代中国史学的建立》,文载罗志田主编:《20世纪的中国:学术与社会(史学卷)》,山东人民出版社2001年版,第449—580页;罗志田:《国家与学术:清季民初关于"国学"的思想论争》。

二元对立，因此，在王国维看来，立基于这样的立场而构建出的学科制度，最终必然会导致中西学各居一端而彼此分裂。

王国维有关学制的构想如何呢？在《奏定经学科大学文学科大学章程书后》(1906)一文中，通过对《奏定大学堂章程》(1903)的根本谬误的批判，王国维即作出了初步的论证。

出于其"忧道尊经"之意，张之洞《奏定大学堂章程》将大学堂之学科分设为八，首设经学科而废哲学，且于文学科中之文学与史学门也不设哲学。张之洞之废哲学，在王国维看来，其理由无外乎：一以哲学为有害之学、二以哲学为无用之学、三以外国之哲学为与中国古来之学说不相容之学。因此，延续其《哲学辨惑》(1903)一文的基本理据，①并进一步申述其学术自由独立之意旨，王国维以"哲学为与政治没有直接关联之一家之言"，"哲学为满足人类对于纯粹理智之本体需求的形上之学"，"欲知一学之价值非尽知其反对之说与其他一切言之有故持之成理之学不可"为依据对之加以一一反驳。又由于文学与哲学关系密切之故，王国维指出，不仅哲学之不可不特立一科，即于文学科也不可不授哲学。

根据以上论述，王国维最后提出如下分科设想说：

> 由余之意，则可合经学科大学于文学科大学中，而定文学科大学之各科为五：一、经学科，二、理学科，三、史学科，四、国文学科，五、外国文学科。而定各科所当授之科目如左（本文只引三科——作者注）：
> 一、经学科科目：一、哲学概论，二、中国哲学史，三、西

---

① 针对时人有关"哲学"之议论，王国维在该文中为"哲学"正名并辨惑说：一、哲学非有害之学；二、哲学非无益之学；三、中国现时研究哲学之必要；四、哲学为中国固有之学；五、研究西洋哲学之必要。参姜东赋、刘顺利选注：《千古文心——王国维文选》，百花文艺出版社2002年版，第1—5页。

洋哲学史,四、心理学,五、伦理学,六、名学,七、美学,八、社会学,九、教育学,十、外国文;

......

三、史学科科目:一、中国史,二、东洋史,三、西洋史,四、哲学概论,五、历史哲学,六、年代学,七、比较语言学,八、比较神话学,九、社会学,十、人类学,十一、教育学,十二、外国文;

四、中国文学科科目:一、哲学概论,二、中国哲学史,三、西洋哲学史,四、中国文学史,五、西洋文学史,六、心理学,七、名学,八、美学,九、中国史,十、教育学,十一、外国文。①

只不过,由于这一文学科大学的分科设想及其课程规划乃是为突出"哲学之重要性"而作出的,离真正从"学"之本身出发而重新确立起学之分科标准并重构出新的学科谱系还非常遥远,因此,为了裁决此遗留问题,才有了几年后在《〈国学丛刊〉序》一文中的"学有三分"的论述。由此可以解释,王国维的"学无新旧中西有用无用之别"的超越性立场为何获得了其坚实的现实落脚点和理论基础。

问题是,王国维的"学有三分"这一论断究竟具有什么样的思想史内涵呢?

众所周知,学科谱系的重构即人们对人类知识领域的重新划分及其重构,而人类的知识系谱表征着人类的世界观念或存在视野及其秩序系谱,因此,任何学科谱系的重构往往都意味着世界观念或存在视野的解体与重构。而自晚清以来,中国学界之所以会发生"古今中西"的争论,根本原因恰恰就在于:历史情势的变迁和西学的全面引进已达到了全面动摇自身的文化信念

---

① 王国维:《奏定经学科大学文学科大学章程书后》,见《王国维遗书》第五册之《静庵文集续编》,第42—43页。

和存在视野的程度，因此，晚清知识界的一个根本使命就是，必须调动中西学思想资源，以重建自身的存在视野，重构自己的知识系谱。

　　然而，如何才能重构出合乎学术本性的知识系谱呢？换言之，就是如何重构，才能保证一方面全面吸纳西学类分的合理性要素而不至于导致对西学霸权的全方位认同，另一方面在拒斥"中学为体"的抱残守缺心态的同时将传统学问转化为现代的分科之学？惟一的可能，就是在思的本源性层面上，重构出合乎事情本身的世界视野，并以这一视野为参照，重构出合乎存在本性的人类事务领域和秩序系谱。

　　在如是意义上，尽管王国维并没有从理论层面揭示现代存在视野的真正内涵，但他的"学有三分"论无疑对这一难题提供了天才的直观式裁决和领悟。[①]

　　王国维的论断是否真的具有理论的和历史的有效性呢？从全球学术变迁的语境来看，随着传统的知识探求的确定性预设与进化论预设的解体，当代自然科学领域兴起了所谓的"复杂性研究"，而人文学科领域也兴起了所谓的"文化研究"。何谓"复杂性研究"？何谓"文化研究"？其根本旨趣无外乎就是：重新反省各门学科的界限、重新领会东西文化的交互生发的关系，并重构这个不确定世界之世界秩序、重新领会人类存在的意义地基。[②] 如是而论，王国维的"学无中西"论和"学有三分"论似乎便为当代学术的转型提供了超越性的理论基础。

---

　　① 王国维的"意境论"可谓是从文学的角度对这一问题的替代性裁决，只可惜诸多研究"意境论"者，大都未能思及这一层次。

　　② 参伊曼纽尔·沃勒斯坦著，冯炳昆译：《所知世界的终结——二十一世纪的社会科学》，社会科学文献出版社 2002 年版，第 201—208 页。

## 二、现代学科谱系的建立与
## 现代学术的典范特征

　　以今之视昔的眼光看，如果说，王国维的"学有三分"论真的具有超越时间空间的有效性，那么，在辛亥革命后知识界因新旧"权势"的对垒而士风日趋激进、"尊西崇新"的精神气候即成定局的历史氛围中，王国维关于学制的构想是否得到学界的认同，并落实为制度呢？以蔡元培主掌北京大学的治校理念及其学制改革来看，答案似乎是肯定的。①

　　然而，正如有论者指出，制度的建立虽然往往是一切思想变革的最后一步，但是它的出现却并不一定代表了变革的成功。民初现代学科体制的建立，是清末采行新式分科教育之后的必然结果，

---

　　①　早在第二次留德期间所撰写的《世界观与人生观》(1912)一文中，蔡元培即从"叔本华的意志本体论"和"互助论的进化论"角度入手阐述了他的"世界观"和"人生观"（《蔡元培全集》第二卷第 288—292 页，中华书局 1984 年版）。主掌教育部时，在《对于新教育之意见》(1912)一文中，他指出：今日之教育所不可偏废者，隶属于政治之教育有三：曰军国民主义教育、曰实利主义教育、曰德育主义教育；超越于政治之教育有二：世界观教育、美育主义教育（《全集》第二卷第 130—137 页）。就任北京大学校长时，他对大学之性质作了如下界定："大学者，研究高深学问者也"（《就任北京大学校长之演说》(1917)，《全集》第三卷第 5 页。)；受到保守势力攻击时，他这样回应说："对于学说，仿世界各大学通例，循'思想自由'原则，取兼容并包主义"（《致〈公言报〉函并答林琴南函》(1919)，《全集》第三卷第 271 页）。1917 年"废门改系"、行"选科制"，则又基于如下理由："那时我又有一个理想，以为文理是不能分科的。例如文科的哲学，必植基于自然科学；而理科学者最后的假定，亦往往牵涉哲学。从前心理学附入哲学，而现在用实验法，应列入理科；教育学与美学，也渐用实验法，有同一趋势。地理学的人文方面，应属文科，而地质、地文等方面属理科。历史学自有史以来，属文科，而推原于地质学的冰期与宇宙生成论，则属于理科。所以把北大的三科界撤去而列为十四系，废学长，设系主任。"（《我在北京大学的经历》(1934)，《全集》第六卷，第 352 页。)纵观蔡元培的论述，与王国维相较，尽管其理论内涵及深度各有不同，但重构现代世界视野的问题意识和重建现代学科体制的基本依据则是一致的。

但现代学术分科制度建立之后，倘若没有与这一分科体系相一致的典范之作的出现，近代学术体系的转化就不会获得真正的成功。而在民初新旧学术体系转换的过程中，新学术范式之所以得以迅速建立，胡适的《中国哲学史大纲》功不可没。

胡适的《中国哲学史大纲》是如何获得其新学术典范的合法性的呢？在该书的"序"中，蔡元培是这样来论证的：我们今日要编中国古代哲学史，有两层难处。第一是材料问题：周秦的书，真伪难辨。就是真的，其中错简错字也很多。若不具有清朝人的"汉学"工夫，所搜的材料必多错误。第二是形式问题：中国古代学术从没有编成系统的纪载。我们要编成系统的哲学史，古人的著作没法依傍，不能不依傍西洋人的。所以非研究过西洋哲学史的人，不能构成适当的形式。而适之先生生于世传"汉学"的绩溪胡氏，禀有"汉学"的遗传性……又在美国留学的时候兼治文学哲学，于西洋哲学史是很有心得的。所以编中国古代哲学史的难处，一到先生手里，就比较的容易多了。①

胡适的《中国哲学史大纲》不仅具有学养与形式的合法性，在蔡元培看来，其方法更是优越：第一是证明的方法，第二是扼要的手段，第三是平等的眼光，第四是系统的研究。"以上四种特长，是较大的，其他较小的长处，读的人自能领会，我不必赘说了。我只盼望适之先生努力进行，由上古而中古，而近世，编成一部完全的《中国哲学史大纲》，把我们三千年来一半断烂、一半庞杂的哲学界，理出一种头绪来，给我们一种研究本国哲学史的门径，那真是我们的幸福了！"②

蔡元培盛赞胡适的著作足以"为后来的学者开无数法门"，仅以《中国哲学史大纲》的"导言"部分的结构来看，即可知这并不是

---

① 胡适：《中国哲学史大纲》，河北教育出版社 2001 年版，第 3 页。
② 胡适：《中国哲学史大纲》，第 4—5 页。

虚誉。因此,是胡适著作体例的系统和方法的垂范,与蔡元培的催生奖掖,使得新学术典范得以迅速确立。

然而,就是这样一本典范之作,甫一出版,即招来了持续不断的批评。一本典范之作遭遇如此命运,这究竟是什么原因呢?

且不论这些批评是怎样的,先来看该书的"导言"部分,看其到底具有什么样的特色。

在《中国哲学史大纲》的"导言"中,胡适一开头就对"哲学的定义"作出了界定:"哲学的定义从来没有一定的。我如今也暂下一个定义:'凡研究人生切要的问题,从根本上着想,要寻一个根本的解决,这种学问,叫做哲学。'"①这表明,开宗明义,胡适以一己之成见来治哲学。

然后,胡适将哲学分为六个门类:"因为人生切要的问题不止一个,所以哲学的门类也有许多种。例如:一、天地万物怎样来的。宇宙论。二、知识、思想的范围、作用及方法。名学及知识论。三、人生在世应该如何行为。人生哲学,旧称'伦理学'。四、怎样才可使人有知识、能思想,行善去恶呢? 教育哲学。五、社会国家应该如何组织,如何管理。政治哲学。六、人生究竟有何归宿。宗教哲学。"②这表明,胡适以分科之学之眼来治哲学,完全接纳了近代西方学术的分科标准。

接下来论述"哲学史"。胡适说,"这种种人生切要问题,自古以来,经过了许多哲学家的研究。往往有一个问题发生以后,各人有各人的见解,各人有各人的解决方法,遂致互相辩论。有时一种问题过了几千百年,还没有一定的解决法。……若有人把种种哲学问题的种种研究法和种种解决方法,都依着年代的

① 胡适:《中国哲学史大纲》,第7页。
② 胡适:《中国哲学史大纲》,第7—8页。

先后和学派的系统，一一记叙下来，便成了哲学史。"①由此可知，胡适以考据家的眼光来治哲学史。凭借这种眼光，在"哲学史"的小标题下，胡适进而分论了哲学史的种类（通史、专史）、治哲学史的目的（明变、求因、评判）、中国哲学在世界哲学史的位置和中国哲学史的分期，以表露其将分科治学的方法和对于哲学的成见应用到哲学史，并以世界的眼光和分期之法来治中国哲学史的问题意识。

　　然而这只不过是"导言"的很小部分。"导言"论述的重心，乃是以超过三分之二的篇幅，对哲学史的史料（原料、副料）、史料的审定、审定史料之法（史事、文字、文体、思想、旁证），以及整理史料之法（校勘、训诂、贯通）和史料结论的详细论证。由此可见，胡适真正着意凸显的，乃是其"考证与评判""方法"的示范性。

　　似乎是这样说还嫌不够，因此，在《中国哲学史大纲》"导言"的结尾处，胡适还这样夫子自道说：

　　　　我做这部哲学史的最大奢望，在于把各家的哲学融会贯通，要使他们各成有头绪条理的学说。我所用的比较参证的材料，便是西洋的哲学。但是我虽用西洋哲学作参考资料，并不以为中国古代也有某种学说，便可以自夸自喜。做历史的人，千万不可存一毫主观的成见。须知东西的学术思想的互相印证，互相发明，至多不过可以见得人类的官能心理大概相同，故遇着大同小异的境地时势，便会产出大同小异的思想学派。东家所有，西家所无，只因为时势境地不同，西家未必不如东家，东家也不配夸炫于西家。何况东西所同有，谁也不配夸张自豪。故本书主张，但以为我们若想贯通整理中国哲学

---

　　①　胡适：《中国哲学史大纲》，第8页。

史的史料,不可不借用别系的哲学,作一种解释演述的工具。此外别无他种穿凿附会、发扬国光、自己夸耀的心。①

## 三、现代学术典范的内在缺失

胡适的撰述的确迥异于传统而开一代风气之先,然而以上述"导言"的论述来看,胡适的著作也确有不少缺失。首先,胡适的中国哲学史撰述是以输入西方学术分科制度的天然合法性为前提的,从而缺乏对这种"用西方学术分科制度中的哲学学科的基本规范来整理传统中国学术思想并重构其知识系谱的有效性"的适度反省。其次,尽管胡适声称"做历史的人,千万不可存一毫主观的成见",然而事实上他仍将自己对于哲学之成见应用到了哲学史,而未能给自己作适度的限定。因此,这两点遭到了金岳霖的尖锐批评。在为冯友兰的《中国哲学史》写的《审查报告》(1934)中,金岳霖认为,从事实和论理两个层面看,哲学有实质也有形式,有问题也有方法,有特别也有普遍。现在的趋势是把欧洲的哲学问题当作普通的哲学问题,把欧洲的论理当作普通的论理,这样,就为中国哲学史的写作带来了两个先决性的难题。难题之一,如果一种思想的实质与形式均与普遍哲学的实质与形式相同,那种思想当然是哲学。如果一种思想的实质与形式都异于普遍哲学,那种思想是否是一种哲学,则成了一问题。中国思想究竟属于哪一种情况呢？难题之二,如果一种思想有哲学的实质而无哲学的形式,或有哲学的形式而无哲学的实质,那么,又该如何书写这样的哲学史？

在金岳霖看来,单"中国哲学"这一名称就有这两个难题。"所

---

① 胡适:《中国哲学史大纲》,第28—29页。

谓中国哲学史是中国哲学的史呢？还是在中国的哲学史呢？"①如果把中国哲学当作中国国学中之一种特别的学问，与普遍哲学没有异同关系，那么，由于受时代与西学的影响，要写作这样的哲学史，恐怕不可能。而如果把中国的哲学当作发现于中国的哲学，中国哲学史就是在中国的哲学史，这样，写作中国哲学史就有了两种可能：一种是根据一种哲学的主张来写，另一种是不根据任何一种主张而仅以普通哲学形式来写。"胡适之先生的《中国哲学史大纲》就是根据于一种哲学的主张而写出来的，我们看那本书的时候，难免一种奇怪的印象，有的时候简直觉得那本书的作者是一个研究中国思想的美国人，胡先生于不知不觉间所流露出来的成见，是多数美国人的成见。"②再加上西洋哲学与名学本非胡适所长，所以他在兼论中西学说的时候，就不免牵强附会。由此，金岳霖得出结论说：

> 哲学要成见，而哲学史不要成见。哲学既离不了成见，若再以一种哲学主张去写哲学史，等于以一种成见去形容其他的成见，所写出来的书无论从别的观点看起来价值如何，总不会是一本好的哲学史。③

然而，如何写出这没有成见的哲学史呢？如何使哲学史真正地成为一本哲学史而不是一种主义的宣传？没有成见的哲学史不也是一种普遍哲学的成见吗？金岳霖没有讨论这一问题，因为陈

---

① 引文见冯友兰：《中国哲学史》(中华书局1961年版)所附金岳霖著《审查报告二》第5页。

② 在金岳霖看来，所谓美国人的成见，即以竞争为生活的常态，以动作为生命，以变迁为进步，以完了为成功，后来必居上。见冯友兰：《中国哲学史》所附金岳霖著《审查报告二》第6页。

③ 冯友兰：《中国哲学史》所附金岳霖著《审查报告二》第7页。

寅恪已经对这一问题作出了回应。这一回应即其在《冯友兰〈中国哲学史〉上册审查报告》(1931)中所提出的"了解之同情，同情之了解"论。由此可见，胡适《中国哲学史大纲》的真正缺失，就不仅仅在于以西方学术分科制度和学理来剪裁中学，而更在于缺乏某种必要的阐释学意识，并为此建立起基本的原则。

只不过，在陈寅恪看来，仅有某种阐释学意识是远远不够的。"因今日所得见之古代材料，或散佚而仅存，或晦涩而难解，非经过解释及排比之程序，绝无哲学史之可言。然若加以联贯综合之搜集，及统系条理之整理，则著者有意无意之间，往往依其自身所遭际之时代，所居处之环境，所熏染之学说，以推测解释古人之意志。由此之故，今日之谈中国古代哲学者，大抵即谈其今日自身之哲学者也；所著之中国哲学史者，即其今日自身之哲学史者也。其言论愈有条理统系，则去古人学说之真相愈远；此弊至今日之谈墨学而极矣。……此近日中国号称整理国故之普通状况，诚可为长叹息者也。"①

如何秉有同情之态度并避免穿凿附会之恶习呢？陈寅恪并没有从理论层面加以说明，只在《冯友兰〈中国哲学史〉下册审查报告》中以"一方面吸收输入外来之学说，一方面不忘本来民族之地位"的文化民族本位立场对胡适在《新思潮的意义》(1919)一文中所概括的"重新估定一切价值"的新文化运动的宗旨和其"研究问题，输入学理，整理国故，再造文明"的纲领作出了适度的矫正。

如何抵达文化民族本位主义的立场呢？依本文的论证，某种具有全球总体历史视野的历史哲学的重构，就是必不可少的。而这样

---

① 陈寅恪：《冯友兰〈中国哲学史〉上册审查报告》，见《金明馆丛稿二编》，第279—280页。

一种历史哲学的重构，又以世界观念与存在视野的重构为前提。①然而，对于胡适的《中国哲学史大纲》来讲，这样的世界观念与存在视野不过是一种来自西方的成见而已，而非来自历史的实际。因此，要说胡适所开创的现代中国学术典范的缺失，某种既合乎历史本性又合乎思之本性的存在视野的缺失，才是真正要命的。对于这一缺失，尽管胡适在20年代就有所反省，尽管冯友兰在30年代出版的《中国哲学史》对胡著而言已有很大的超越，然而，从此后学术演变的实际情形来看，那种借哲学史的写作来宣传某种主义的状况不但没有彻底改观，反而因哲学观念的本质主义化与某种现存的总体历史视野的意识形态化而变本加厉。

　　非常有意思的是，今天抱着"通过走进'五四'来超越'五四'"心态的学人，大都乐于谈论与批评胡适的《中国哲学史大纲》所开创的典范性，并希望借助于对这一典范的反省来找到新的路径。然而，由于金岳霖和陈寅恪所揭橥的哲学史写作的问题意识的真义至今仍隐没不明，因此，这使得今天的"走进"要么停留于浅薄的历史还原，要么满足于简单的经验总结，要么走到另一个极端，全面否定一个世纪以来的努力。

　　这再次表明，专科化、科学化的现代学术分科制度一旦确立了自身，其"起源"之初的问题意识便被忘却。而忘却的结果，就是使人们即使不相信这一学术的基本观念所具有历史普遍性，也难以撼动这一基本观念的不证自明的霸权地位。由此便要么重陷中西学术传统的本质主义的、整体性的二元对立，要么只能听任对前现

---

① 以《哲学与科学》（1919）（见《蔡元培全集》第三卷，第249—254页）一文来看，蔡元培并非对哲学的演变历程和中西学术的差异没有自觉的理论意识，但他为何没有从胡适的"哲学观"及"哲学史意识"的构建角度来谈论写作《中国哲学史》的合法性呢？此间隐曲颇值得另文分析。

代的"知识"进行肆意的分割、颠倒和改写。即使是所谓的跨学科研究，也难以有效摆脱其陷阱。由此而论，无论是"求同性比较"，还是"差异性研究"，那种本质同一性的静态思维方式不但无法面对中西学术的实事本身，无法应对中西学术的变迁，更无法应对现代社会的根本转型。相反只能一再地导致种种价值优先的文化合法性论证的奇谈怪论，或陷于种种相对主义与实践主义的"盲动主义"的认知迷雾里。①

①　在方朝晖著《"中学"与"西学"——重新解读现代中国学术史》（河北大学出版社 2002 年版）一书中，作者指出，"一个多世纪以来，与引进'哲学'、'伦理学'、'本体论'、'形而上学'等一系列西方学术范畴的时髦相对应的一个重要事实是，中国人从来没有真正理解过这些西方学术范畴背后所包含的意义空间，没有理解过西方认知主义传统的精神实质。所以他们只是引进了这些学科或学术范畴之名，却从未真正引进它们所代表的西方学术精神；他们所做的最大'贡献'也许就是用这些时髦的西方学术或学科范畴搞乱了中国古代学术的命脉"。（第 400 页）"20 世纪中国知识分子们就是这样在学习和模仿西学的过程中一步步埋葬了自身的伟大传统，一步步摧毁了原本为任何一个中国读书人应有的信仰和价值的源头，一步步使自身的精神家园陷入于可怕的深渊，走到了今天这种穷途末路、无家可归的境地。"（第 25 页）因此，在作者看来，不仅西方学科的概念及其含义绝不可以脱离西方学术的传统来理解；而且不可以把一系列产生于完全不同的学术传统的西方学科范畴，直接引进到中国古代学术系统中去，并用它来改造中国古代学术。"中学与西学的结合主要并不是一个理论上的问题，而是一个实践上的问题。那种认为为了吸收西方学术成果，就必须在理论上搞出一个中西结合的学说体系的想法未必正确。"（第 11 页）

# 第四章　现代中国诗学建构的
　　　　　理论基点

## 一、现代中国诗学建构的问题意识

　　作为现代中国的分科学术创建之初的又一本典范之作,与自己的《中国哲学史大纲》比较起来,胡适的《白话文学史》(1928)一书显然在如下方面取得了突破性的进展:为(中国)文学史的编撰建构了一种总体的历史视野,一种一贯的文学史观。[①] 然而,由于其撰述宗旨乃是为当下的文学革新主张寻找其历史层面的合法性依据,这使得胡适在还原中国文学的历史演变的真相并重新估定其价值时,就仍预设了某种先入为主的成见,而未能对输入"文学史"这门学科的有效性,对究竟什么是文学、究竟什么是文学史等问题稍加反思性的考察。也就是说,作为又一本"托古改制"之作,胡适的《白话文学史》虽承继了《中国哲学史大纲》的优点并有所拓展,但其缺点也非常明显。由是,前述对《中国哲学史大纲》的批评就同样适宜于对《白话文学史》的批判。

---

　　① 此文学史观即:"'古文传统史'乃是模仿的文学史,乃是死的文学史;我们讲的白话文学史乃是创造的文学史,乃是活的文学史。"参胡适:《〈白话文学史〉引子》,上海古籍出版社 1998 年版,第 3 页。

由此便触及到了一个问题,就是在现代中国学术的语境内,究竟该如何谈论一门学科,即究竟该如何谈论一门学科的"知识"并重建其理论框架,才能真正建立起合符现代中国学术的理想形态的典范呢?换言之,就是在现代学术分科制度和中西古今的知识思想资源的交互冲突与生发的背景下,究竟该从何入手划定一门学科的边界,又该如何调动中西古今的知识思想资源,并从中找到自己的预设前提和理论基点,才能使自己的谈论既与现代存在视野的转型与重构遥相呼应,又具有明确的学科边界性,既合符历史的有效性,又合符思的本源?简言之,既能有效应对现实的焦虑,又能持续地开创中国学术和文化的新型未来?

在这种严格的分科知识体系与理论形态创建的意义上,如果说,20 年代的探索还远谈不上成熟,那么,自 30 年代以来,中国知识界又作出了什么样的卓越努力和示范性实践呢?若仅以文学理论或诗学建构为例,可以肯定的是,朱光潜于 1943 年出版的《诗论》一书,堪称作出了最为深入的思考,极具启发。

朱光潜为何要从事诗学理论建构呢?在该书的"抗战版序"中,他指出:诗学在西方源远流长、影响极广。可是,很不幸,诗学在中国却不甚发达。诗学的任务就在替关于诗的事实寻出理由。因此,在目前中国,研究诗学似尤刻不容缓。"第一,一切价值都由比较得来,不比较无由见长短优劣。现在西方诗作品与诗理论开始流传到中国来,我们的比较材料比从前丰富得多,我们应该利用这个机会,研究我们以往在诗创作与理论两方面的长短究竟何在,西方人的成就究竟可否借鉴。其次,我们的新诗运动正在开始,这运动的成功或失败对中国文学的前途必有极大影响,我们必须郑重谨慎,不能让它流产。"[1]朱光潜的这一段论述颇有深意,它阐明了两个方面的问题:一、在目前中国"引进"诗学这一学科的急迫

---

[1]　朱光潜:《诗论》"抗战版序",上海古籍出版社 2001 年版,第 1—2 页。

性与合法性；二、诗学理论的建构本身更具有直接的现实效应或关怀。只可惜，时人多只注意到后一方面，而忽略了前一方面。

在目前中国"引进"诗学这一学科的急迫性在哪里呢？依朱光潜的意见，一为评价历史，一为启迪未来。这么做的合法性，不在于直接套用西方诗学的现成结论或理论预设，而在于面对历史事实本身的比较参证。于是，通过此合法性的转化，朱光潜对西方诗学这门学科的"引进"，就摆脱了"五四"学人的局限，没有现成地照搬其学科规范，先去写什么"中国诗学史"之类的著作，而将其转化成了独立的理论创建。

朱光潜的这一转化使他的问题意识也呈现出了有别于"五四"学人的特点："当前有两大问题须特别研究，一是固有的传统究竟有几分可以沿袭，一是外来的影响究竟有几分可以接收。这都是诗学者所应虚心探讨的。"①由此可见，尽管朱光潜的诗学理论建构的现实关怀与彼时的诗学界甚至"五四"以来学界的主流意识并无二致（所谓态度的一致性）：② 一、在新的语境中为传统文化的合法性提供新的论证，二、在新的文化理想形态的想象与期待中为新诗运动（新文化运动）的合法性寻找真正的理论基点。但是，一旦落实到具体的研究层面，其问题意识与运思方式就与其时的诗学者和早先的"五四"学人拉开了很大的距离，③而具有了一种现代学术研究所必具的暂时"终止判断"的"待证"态度和自反

---

① 朱光潜：《诗论》"抗战版序"，第2页。

② 有关"五四"新文化人物"态度的同一性"问题，汪晖所著的《中国现代历史中的"五四"启蒙运动》（收入汪晖：《汪晖自选集》，广西师范大学出版社1997年版，第306—340页）一文的论述颇有见地。

③ 在《清园近思录》（中国社会科学出版社1998年版）一书中，王元化在反思"五四"运动的遗产时指出，"五四"思潮留下的负面产品，有四个方面，依次为"庸俗进化论"、"激进主义"、"功利主义"和"意图伦理"。此说对于分析"五四"学术的缺点颇有启示。

性特点：在尚未直面事实本身之前，一切都处于一种开放性的"未知"状态。

## 二、"返本穷源"与现代中国诗学建构的方法路径

朱光潜的理论建构是如何贯彻这一现代学术的待证态度和运思特点的呢？在接下来的正文第一章"诗的起源"中，他开篇即说：

> 想明白一件事物的本质，最好先研究它的起源；犹如想了解一个人的性格，最好先知道他的祖先和环境。诗也是如此。许多人在争论"诗是什么"、"诗应该如何"诸问题，争来争去，终不得要领。如果他们先把"诗是怎样起来的"这个基本问题弄清楚，也许可以免去许多纠纷。①

这段话充分表明了朱光潜对现代学术规范的内涵的理解。它表明，在朱光潜的心目中，现代中国诗学的理论建构，其最起码的运思起点及操作规范当在于：打破传统学术的思维迷执，摒弃种种本质主义的先入之见和价值预设，直面事实本身，对一个事物的产生进行返本穷源式的探源。

只是，如何才能做到真正的返本穷源式的探源？在第一章第一节"历史与考古学的证据不尽可凭"中，朱光潜指出，从前的一般学者在研究这样的问题时，大都是从历史及考古学下手的。他们以为，在最古的书籍里寻出几首诗歌，就算是寻出了诗的起源。然而"在我们看，这种搜罗古佚的办法永远不会寻出诗的起源。它含有两个根本错误的观念：一、它假定在历史记载上最古的诗就是

①　朱光潜：《诗论》，第1页。

诗的起源。二、它假定在最古的诗之外寻不出诗的起源。"①

朱光潜认为，第一个假定的错误在于，它忽略了先民在用文字将诗歌记载下来以前，诗歌早就以口耳相传的方式广为流传。而第二个假定之所以错误，则是因为最古老的诗（如荷马史诗和《诗经》中的《商颂》、《周颂》）往往是文化高度发达的产物，而现在非澳两洲土著的歌谣和现代中国的民间歌谣，反而是更为原始的物产。所以我们即使沿此思路来研究诗的起源，"与其拿荷马史诗或《商颂》、《周颂》做根据，倒不如拿现代未开化民族或已开化民族中未受教育的民众的歌谣做根据"。②

既然诗的原始与否并不十分依赖于它们的年代先后，而依赖于它的文化发展的程度；既然通过"历史的还原"无法有效地揭露诗的起源；那么，究竟要到那里才能找到诗的起源呢？在第二节"心理学的解释：'表现'情感与'再现'印象"中，朱光潜和盘地托出了他的论断：

> 诗的起源实在不是一个历史问题，而是一个心理学的问题。要明白诗的起源，我们首先要问："人类何以要唱歌作诗？"③

由是，《诗论》一书对诗的起源的追溯，便从"历史的还原"一转而推进到"心理学的还原"：通过中西诗学的比较，朱光潜的结论是："总而言之，诗或是'表现'内在的情感，或是'再现'外来的印象，或是纯以艺术形象产生快感，它的起源都是以人类天性为基

---

① 朱光潜：《诗论》，第 3 页。
② 朱光潜：《诗论》，第 3—4 页。
③ 朱光潜：《诗论》，第 5 页。

础。所以严格地说,诗的起源当与人类起源一样久远。"①

"诗或是'表现'内在的情感,或是'再现'外来的印象,或是纯以艺术形象产生快感",这岂不与刚刚说过的"摈弃种种本质主义的先入之见和价值预设,直面事实本身,对一个事物的产生进行返本穷源式的探源"相矛盾吗? 不矛盾。因为,朱光潜的真正着眼点倒不在于这前半句总结,他的真正着眼点乃在于揭示:诗的起源以人类的天性为基础,诗的起源与人类的起源同样久远。这种真正的起源表明,原来"诗歌与音乐、舞蹈同源":合历史与考古学和人类学与社会学两方面的证据看,"我们可以得到一个极重要的结论,就是:诗歌与音乐、舞蹈是同源的,而且在最初是一种三位一体的混合艺术。"②

朱光潜的本意是要寻找诗的心理学起源,可他为何不接着指出产生诗的心理学动因,而要去谈论诗歌与音乐、舞蹈的同源现象呢? 合第二章"诗与谐隐"和第三章"诗的境界——情趣与意象"的论述来看,原来,朱光潜所说的诗的心理学起源,他早已在《文艺心理学》(1936)一书中,通过"游戏说"和"直觉论"等学说的"交互对话"式的再创性引介,对此问题作了裁断。他之所以在《诗论》中论及诗乐舞的同源,不过是想补充更充分的历史学与考古学和人类学与社会学的事实依据,以加强前述论断。也就是说,朱光潜写作《诗论》一书的理论基点,其实在《文艺心理学》一书中就已经提出来了。《诗论》的写作,用朱光潜自己的话来说,不过是对《文艺心理学》一书的基本原理的验证、应用和扩展。③

由此就需要追问,《文艺心理学》是如何建构起来的呢? 它本身是一种先入为主的前设,还是一种返本溯源式的洞见? 以朱光潜在该书的"作者自白"中的一段话来看,结论似异常明显:

---

① 朱光潜:《诗论》,第7页。
② 朱光潜:《诗论》,第7页。
③ 朱光潜:《文艺心理学》,安徽教育出版社1996年版,第4页。

　　这是一部研究文艺理论的书籍。我对于它的名称，曾费一番踌躇。它可以叫做《美学》，因为它所讨论的问题通常都属于美学范围。美学是从哲学分支出来的，以往的美学家大半心中先存一种哲学系统，以它为根据，演绎出一些美学原理来。本书所采的是另一种方法。它丢开一切哲学的成见，把文艺的创造和欣赏当作心理的事实去研究，从事实中归纳的（得）一些可适用于文艺批评的原理。它的对象是文艺的创造和欣赏，它的观点大致是心理学的，所以我不用"美学"的名目，把它叫做"文艺心理学"。这两个名称在现代都有人用过，分别也并不很大，我们可以说，"文艺心理学"是从心理学观点研究出来的"美学"。①

　　由此可见，朱光潜写作《文艺心理学》，其基本的探讨路径和运思方式不仅契入了西方近代美学侧重研究美感经验的学术主流，而且为现代中国学术语境的诗学建构建立起了基本的规范。只是，朱光潜在《文艺心理学》中引介的"直觉论"和"游戏说"，是否真的能为谈论诗的起源提供坚实的理论地基呢？以现代西方学术思潮演进的实际情形来看，恐怕只能得出否定的回答。因为，20世纪初西方"现象学运动"的兴起，其起点就是对哲学认识中的心理主义的批判。这一批判将西方自近代以来的"心理学还原"式的学术思想道路推进到了"先验还原"的层次，从而将（人们对）人类精神的起源（问题的探讨）推进到一个更原初的层面。② 如是而论，以今天的眼光看，朱光潜所说的诗的起源，亦即现代中国诗学建构的理论基点，就需要重新追索与发现。然而这么说并不意味着朱

---

　　①　朱光潜：《文艺心理学》，第1页。

　　②　相关著述可参阅胡塞尔著、倪梁康译《逻辑研究》（上海译文出版社1994年版、1998年版），施皮格伯格著、王炳文、张金言译《现象学运动》（商务印书馆1995年版），倪梁康著《现象学及其效应》（生活·读书·新知三联书店1994年版）、《胡塞尔现象学概念通释》（生活·读书·新知三联书店1999年版）等。

光潜的"文艺心理学"和"诗学"建构就此破产。恰恰相反,倘若我们意识到朱光潜的返本溯源式的"心理学"思路不仅与传统中国道家思想的直观式领悟旨趣相通,而且(正因为其为现象学的批判对象而使之)还与现象学还原的意旨极为相契并具有了向其推进的理论可能;那么,我们就可以说,朱光潜诗学理论建构的示范性,除了他为人们提供了一种现代诗学的知识视野或理论体系之外,更重要的,还在于他那"还原"式的运思道路为我们契入现代西方思想的转向并重建现代中国诗学体系开启了无数的真正法门或起点。

　　从这个角度看,今天的学界与其停留于西学东渐的表层,去争辩朱光潜对克罗齐或尼采的误读与正解(或创造性误解),[①]不如从现代中国学术典范的开创与完善的角度,以近现代西方学术思潮的演变历程为参照,以西方诗学和中国文论传统为资源,去重新梳理朱光潜的"调和折中"所呈现出来的独特的运思方式、所触及到的诗学命题、所遗留下来的启示及其一系列困难。[②]

　　问题是,朱光潜为何没有沿着"心理学还原"的道路将其理论基点推进到"先验还原"的层次呢? 除了《文艺心理学》的建构对认知起点的还原本身所具有的不彻底性之外,[③]还须提及朱光潜在《诗论》中的如下失察:在诗的历史学与考古学的起源和人类学与社会学的起源之间,存在着一种"时空错置"的关联。如何对这一"时空错置"现象加以理论的反思呢? "现象学的先验还原"将是很

―――――――――

　　① 相关论争可参阅王攸欣著《选择、接受与疏离——王国维接受叔本华,朱光潜接受克罗齐美学比较研究》(生活·读书·新知三联书店 1999 年版),肖鹰著《怎样批评朱光潜?》(文载《文艺研究》2003 年第 5 期),王攸欣著《怎样研究朱光潜?——答肖鹰对我的〈选择·接受与疏离〉的批评》(文载《文艺研究》2004 年第 1 期)等。

　　② 从常规研究的角度看,正确理解原著当然是最起码的要求和起点。然而,一旦此常规性研究被转化成了跨语境的再创性研究,那么,以某种心通意会的方式摆脱原著的束缚而对所研究的问题进行历史的还原,并根据自己所置身的语境重新确定问题的真正属性,然后在新的层面对此问题作出新的追问与回答,将是更为重要的方面。

　　③ 此处牵涉甚广,需另文详论。

值得参考的思想接续点。可惜的是，迟至 80 年代，这一思想资源才开始稍微"时空错置"地真正进入中国学界的视界。

## 三、现代中国诗学的理论洞见与失察

从学术史的角度看，除了其"悬置判断"、"直面事实本身"的运思方式既具有"历史的还原"（包括历史的、人类学和社会学的）的经验向度，又具有向"现象学的先验还原"推进的理论可能之外，朱光潜的诗学理论建构究竟还有什么示范性的启示呢？其启示就是：他沿此思路所进行的理论探讨，不仅触及到了一系列现代诗学的根本命题，极大地开拓了人们的知识空间，而且擘画了异常广阔的诗学领地，以供后人在此基础上继续耕耘与拓展。何以见得呢？且看朱光潜的具体分析与论断。

在《诗论》第二章中，立基于"游戏说"，朱光潜对诗的起源进一步作了人类学社会学式的心理学解释。这一解释的要义，就是将诗的起源视为一种文字游戏。文字游戏乃是沟通民间诗与文人诗的桥梁，不外三种：一是"谐"，二是"谜"或"隐"，三就是纯粹的"文字游戏"。谐是一种最原始的普遍的美感活动，从心理学的观点看，它的实质就是"以游戏态度，把人事和物态的丑拙鄙陋和乖讹当作一种有趣的意象去欣赏"。[①] 谐最富于社会性，是促进人群团结与统一的很好的途径。谐往往悲喜交集。

从谐的角度看，诗的特征是模棱两可；从隐的角度看，诗歌在起源时是神与人互通款曲的媒介。后来，隐语由神秘的预言逐渐变成一般人的娱乐，就成了一种谐。不同于谐偏重人事的嘲笑，隐偏重于文字的游戏。它的特征，是"用捉迷藏的游戏态度，把一件事物先隐藏起，只露出一些线索，让读者可以从中猜出其所隐藏的

---

[①] 朱光潜：《诗论》，第 20 页。

东西来"。① 它的实质,无论就谜语的作者来讲,还是就猜谜者说,都是看穿了(或希望看穿)"事物中一种似是而非、不即不离的微妙关联"。"突然见到事物中不寻常的关系,而加以惊赞",是一切美感态度的共同点。②

细察朱光潜对谐与隐的分析,可以看见,虽然他的解释大体不出"游戏说"的阐释范围,但是,他的具体分析却生动地触及人生的喜剧与悲剧处境,以及由此处境所引发的个体生命的审美超越难题与社会群体的文化整合难题的复杂纠结与关联。不仅如此,由于有了这样的直觉,朱光潜还进一步指出了诗歌作为神与人、人与人互通款曲的媒介特性,从而为现代诗学的建构打开了一个以天地人神、言说与所指、作者与读者等各种要素错综复杂地交织起来的广阔空间,极具创见。只可惜,朱光潜没有进一步展开对这些问题的反思,就将他的笔触转到第三章《诗的境界——情趣与意象》的论述中,依据"距离说",对诗的艺术胜境作了如下描绘:"诗与实际的人生世相之关系,妙处惟在不即不离。惟其'不离',所以有真实感;惟其'不即',所以新鲜有趣。'超以象外,得其圜中',二者缺一不可,像司空图所见到的。"③接着又依据"直觉说",阐释了诗的起源及其意境创生的内在机制。这种阐释虽本于克罗齐的理论及个人的审美体悟,但也正因为此,使朱光潜的诗论建构具备通向现象学的"本质直观"的运思向度的可能。④

---

① 朱光潜:《诗论》,第 29 页。

② 朱光潜:《诗论》,第 30 页。

③ 朱光潜:《诗论》,第 40 页。

④ 无论是克罗齐的"直觉说",还是审美经验的事实本身,都具有一种"本质直观"的特征。何谓"本质直观"呢? 依胡塞尔的论述,它是指"一种原初给予的行为……类似于感性知觉"。而"每一种原初给予的直观都是认识的合法源泉,在直观中原初地(可说是在其机体的现实中)给予我们的东西,只应按如此被给予的那样,而且也只在它在此被给予的限度之内被理解",这是纯粹逻辑的"一切原则之原则"。参胡塞尔著,李幼蒸译:《纯粹现象学通论》,商务印书馆 1997 年版,第 84 页。

　　诗的境界虽创生于直觉,使境界得以最终完成的"途径"或"手段",却是意象与情趣的契合。意象与情趣的契合要借助于"移情"与"内模仿"作用。而"移情"与"内模仿",从理论上讲,实际上就是克服主观与客观的矛盾:

> 　　情趣是感受来的,起于自我的,可经历而不可描绘的;意象是观照得来的,起于外物的,有形象可描绘的。情趣是基层的生活经验,意象则起于对基层经验的反省。情趣如自我容貌,意象则为对镜自照。二者之中不但有差异而且有天然难跨越的鸿沟。由主观的情趣如何能跳这鸿沟而达到客观的意象,是诗和其他艺术所必征服的困难。如略加思索,这困难终于被征服,真是一大奇迹![①]

　　暂且不论朱光潜的"意象与情趣的契合"说与克罗齐的"直觉"论的差异,且先看朱光潜征服这一主客观矛盾的方式。朱光潜是如何征服这一矛盾的呢?其手段乃是:通过引述尼采的悲剧诞生理论,将意象类比为日神精神,将情趣比附为酒神精神,然后(像古希腊人那样),转移阿波罗的明镜(意象)来照临达奥尼苏斯(情趣)的痛苦挣扎,于是意志外射于意象,痛苦赋形为庄严优美,结果乃有悲剧(诗和一切艺术)的诞生。

　　由此可见,诚如有论者所指出的那样,朱光潜的诗学建构具有极强的理论杂糅性,而且对尼采和克罗齐"曲解"甚深。然而,我们能否就此论断,他的"诗境论"毫无创见性呢?恰恰相反,单就他试图用克罗齐和尼采的学说来裁决"主观与客观"这一现代西方思想一直试图裁决的问题的问题意识而论,他就表现出了超越时人的现代学术意识。因为他对这一问题的裁决,不仅表现出了与现象

---

　　①　朱光潜:《诗论》,第53页。

学的"意象性"理论的形式相似性，而且深得中国传统"体悟"诗学的精髓，在一定程度上超越了理论分析的局限性。① 至于"诗境论"本身所触及的"审美的无功利性与艺术对于人生的救赎性的悖论"这一诗学命题，虽然朱光潜的裁决并不成功，但却为我们敞开了继续谈论的可能与空间。②

　　同理，尽管朱光潜在讨论诗境之"格"与"不格"、"有我之境"与"无我之境"时对王国维也存在着不少对曲解，③缺乏王国维的境界论所具有的那种存在视野的重构的理论背景，甚至没有抵达他同时代人宗白华的意境理论将山川自然甚至诗人的生命本身也化为意境的媒介所具有的思的本源性，但毋庸否认，朱光潜的理论建构更典型地体现出了现代诗学的知识视野及其体系性。尽管这一知识视野及其体系偏重诗的"形式"方面，但他对诗的"形式"特质的分析，却极具现实的有效性，往往一语中的。

　　朱光潜是如何展开他的形式论的呢？在第四章"论表现——情感思想与语言文字的关系"中，他是这样开头的："意境为情趣意象的契合融贯，但是只有意境仍不能成为诗，诗必须将蕴蓄于心中的意境传达于语言文字，使一般人可以听到看到懂得。这个传达

_____

　　① 朱光潜说："纯粹的诗的心境是凝神注视，纯粹的诗的心所观境是孤立绝缘。"（第40页）"诗人在一刹那中所心领神会的，便获得一种超时间性的生命，使天下后世人能不断地去心领神会。"（第41页）由此可见，朱光潜"诗境"论的确表现出了与王国维、宗白华乃至整个中国诗学传统所共通的特质。

　　② 朱光潜对"审美的无功利性与艺术对于人生的救赎性"悖论的裁决之所以差强人意，原因倒不在于对克罗齐或尼采的曲解，而在于他未能在克罗齐和尼采的基础上真正超越康德的认知领域的三分论，而建立起一种新的存在视野。因为，正如认知领域的三分论在康德那里是谈论审美的无功利性的哲学前提一样，要重新裁决"审美的无功利性与艺术对于人生的救赎性"的悖论，就必须重构出一种新的存在视野为地基或背景。此处牵涉问题众多，需另文详论。

　　③ 相关述评可参朱立元、张旭曙为朱光潜的《诗论》所撰的《〈诗论〉导读》，第19—22页。

过程引起了'表现'、'实质与形式'、'情感思想与语言文字的关系'
一些难问题。"①这些难问题的核心即如何看待文字传达的媒介
特质。

朱光潜之注重"形式"，其根本的理论基点，乃在于诗起源于游
戏。还在第二章第三节"诗与纯粹的文字游戏"中，他就引用斯宾
塞的观点说，诗和谐隐都是生气的富裕和文字富裕的产物，因为只
有生气的富裕和文字富裕才会产生文字的游戏。只不过，与谐与
隐这种着重意义的文字游戏不同，"有一种纯粹的文字游戏，着重
点既不像谐在讥嘲人生世相的缺陷，又不像隐在事物中间的巧妙
的凑合，而在文字本身声音的滑稽的排列"，②它更加使人感到自
由与纵横恣肆。

按朱光潜的看法，纯粹的"游戏"为纯粹的形式之产生提供了
心理学的动因。从这个基本立场出发，具有意境的诗的形式是如
何创生的呢？其关键环节就是"表现"。

在近代美学理论中，"表现"一词的词义异常暧昧复杂。有流
行语言习惯所持有的"表现"观，有克罗齐极为独特的"表现"说，也
有自康德以来僻狭的形式派美学的"表现"观念。按流行的语言观
念，"我们心里先有一种已经成就的情感和思想（实质），本没有语
言而后再用语言把它翻译出来，使它具有形式。这种翻译的活动
叫'表现'（expression）"。③ 这种观念对于情感思想和语言假设了
三种关系：一、被动与主动的关系；二、内外的关系；三、先后的关
系。然而朱光潜的看法却与此相反。他认为："心感于物（刺激）而
动（反应）。情感思想和语言都是这'动'的片面。"④"动"蔓延于身

---

① 朱光潜：《诗论》，第 64 页。
② 朱光潜：《诗论》，第 36 页。
③ 朱光潜：《诗论》，第 65 页。
④ 朱光潜：《诗论》，第 67 页。

体的不同部位而产生所谓"思想"、"情感"和"语言"的差别。但事实上这是一个应付环境变化的完整反应,心理学家为便利说明起见,才把它分析开来。

接着,依据行为心理学的实验研究所得出的观察结果,朱光潜首先从思想和语言的连贯性角度,全新地论述了他的"表现"观念:

> 思想是无声的语言,语言也就是有声的思想。思想和语言原来是平行一致的,所以在文化进展中,思想愈发达,语言也就愈丰富,未开化的民族以及未受教育的民众不但思想粗疏幼稚,语言也极简单。①

思想和语言既是同时进展、平行一致、不能分离的,思想和语言的那种先后内外、实质与形式的关系预设也就成了一种谬见。在如此意义上,说"语言表现思想",它的意思就只能像是说"缩写字表现整个字",是以部分代表全体;说"思想表现于语言",就只能像是说"肺病表现于咳嗽吐血",是病根见于征候。"分析到究竟,'表现'一词当作它动词看,意义只能为'代表'(represent),当作自动词看,意义只能为'出现'(appear),当作名词看,意义很近于'征候'(symptom)。"②

不仅思想与语言的关系如此,情感与语言的关系也如是。因此,

> 思想情感与语言是一个完整联贯的心理反应中的三方面。心里想,口里说;心里感动,口里说;都是平行一致。我们天天发语言,不是天天在翻译。我们发语言,因为我们运用思

---

① 朱光潜:《诗论》,第 68 页。
② 朱光潜:《诗论》,第 69 页。

　　想，发生情感，是一件自然的事，并无须经过从甲阶段转到乙
阶段的麻烦。①

　　朱光潜的"情感思想与语言连贯一致"的"表现"说极具还原式
运思道路的直观特征。依据此直观，他不仅抛弃了狭义的形式派
美学的"表现"观，批判了流行语言习惯所持的"表现"观念，而且还
修正了克罗齐的"表现"说，扩展了克罗齐"表现"说的范围和边界。
在朱光潜看来，尽管克罗齐的"表现即直觉"说打破了表达的"内容
与形式、内与外、先与后、主动与被动"的二元对立，但由于他把"表
现"（直觉）和"传达"看成截然悬隔的两个阶段，没有分清有创造性
的"传达"与无创造性的"记载"的差异，从而忽略了传达媒介的重
要性及其与思想情感的一致性，造成了新的二元对立。

　　综论朱光潜的"表现"说，可以看到，在其"理论杂糅"的表象背
后，确实蕴藏着无数原创性的发现。然而，这么说并不意味着他的
"表现"说没有什么缺点。事实上，若以今天的眼光看，朱光潜"情
感思想与语言意象"的同一性预设很难逃脱语音中心主义和在场
形而上学的责难。朱光潜并不是没有意识到情感思想与语言的差
异或"断裂"，为何还如此坚信"情感思想与语言连贯一致"呢？在
我看来，其原因无外乎是：一、他没有直观到，所有直觉都是具有
时间本体的体验流中的直觉；二、他没有一以贯之地坚持"诗起源
于游戏"这一论断。

　　所有直觉都是具有时间本体的体验流中的直觉，这句话意味
着：所有"情感思想与语言连贯一致"的原初直观或表现，其实都
是在时间的体验流中变迁或流动着的直观和表现。变迁着的情感
思想与语言如何维持自身的同一性与一致性呢？要回答这一问
题，就必须要对时间的体验流的生成机制稍加反思与考察。时间

---

　　①　朱光潜：《诗论》，第70页。

的体验流是线性的吗？今天稍微熟悉现代西方思想史的人，都会怀疑这种自然主义式的前见。事实上，时间的体验流以一种"时空错置"的本性涵摄过去、现在与未来。意识到这一点，不仅朱光潜的"表现"说所具有的情感思想与语言的本质同一性预设需要重新论证，前述在诗的历史学与考古学起源和人类学与社会学起源之间所存在的"时空间距"现象，也将从理论上得到正面回答；至于"诗起源于游戏"说所揭示的"一切美感态度的共同点都在于突然见到事物中不寻常的关系"这一根本规律，也将得到更为本源性的认识：情感思想与语言意象以一种时空错置的隐秘方式交互关联。

遗憾的是，朱光潜的理论反思没有推进到这一层次。这使他在回应言意之间、语言与语言之间的距离或断裂时，重走了传统中国思想的"言意之辨"的老路，将情感思想与语言的关系看成是全体和部分的关系，以经验直观代替本源性的反思，甚至染上了神秘主义的色彩。① 朱光潜以驳难的方式对"语言"与"文字"的差别（亦即活语言、活文字和死文字的区别）、"寻思"与"寻言"的一致性的补充论证，除了进一步固持自己的观点外，其现实效应就是对真正的问题造成了进一步的遮蔽。

不仅如此，由于失误与洞察并存，这使得朱光潜在应用他的"表现"说为"五四"以来的"古文与白话"之争重新奠基时，虽然澄

---

① "情感中有许多细微的曲折起伏，虽可以隐约地察觉到而不可直接用语言描写。这些语言所不达而意识所可达的意象思致和情调永远是无法可以全盘直接地说出来，好在艺术创造也无须把凡所察觉到的全盘直接地说出来。诗的特殊功能就在以部分暗示全体，以片段情境唤起整个情境的意象和情趣。诗的好坏也就看它能否实现这个特殊功能。以极经济的语言唤起极丰富的意象和情趣就是'含蓄'，'意在言外'和'情溢乎词'。严格地说，凡是艺术的表现（连诗在内）都是'象征'（symbolism），凡是艺术的象征都不是代替或翻译而是暗示（suggestion），凡是艺术的暗示都以有限寓无限。"朱光潜：《诗论》，第71页。

清了白话提倡者"以文字的古今定文字的死活"而没有看到"散在字典中的文字，无论其为古为今，都是死的；嵌在有生命的谈话或诗文中的文字，无论其为古为今，都是活的"①的思维错乱；但却未能趁机将自己的思想推进到语言学转向的本体之思层面。

## 四、现代中国诗学对古典<br>中国诗歌的重释

尽管存在着不少失误，在完成了其基本理论建构之后，接下来，依据这些基本观点，朱光潜对诗的文体特征、中国诗的节奏与声韵特点，以及中国诗走上"律"的道路之原因的具体分析与考察，却依然精辟独到，极富创见。它们不仅从整体上造就了朱光潜诗学理论体系的精微阔达，就连论证本身，也摇曳生姿，出乎意料。

朱光潜既坚持审美的无功利性，又强调情感思想的平行一致、实质与形式的不可分。因此，合此实质与形式两方面的见解，他得出的结论是："在不太严格的意义上，诗为有音律的纯文学"。这一结论不仅道出了诗与散文的区别——"就都为纯文学而言，诗是有音律的"；道出了诗与乐的差异——"就都为有节奏的纯艺术而言，音乐只有纯形式的节奏，没有语言的节奏，而诗则两者兼有"；同时还道出了诗与画的不同——"就都为纯艺术而言，它们的媒介是不一致的"。

朱光潜认为，诗的要素有三种：情趣、意象、声音。诗以表现情趣为主，情趣见于声音，寓于意象。由于前两个要素在诗境论中已作过详细分析，因此，剩下的任务，就是专论中国诗的声韵与节奏。朱光潜分析了中国诗的声、顿、韵，结论相应的也是三个："四声对中国诗的节奏影响甚微"、"中国诗的节奏大半在顿上见出"、

---

① 　朱光潜：《诗论》，第80页。

"韵对中国诗的节奏比声更重要"。这些论断不仅具有精湛的中西诗歌的音律学的比较分析眼光,更关键的是,诗乐舞同源分化的观点贯穿始终。

朱光潜对艺术起源于游戏与诗乐舞同源分化的观点的贯彻,不仅使他发现了诗的"本质"和中国诗的节奏与音韵特征,更超乎寻常的,是他还以此建立起了他的关于文学史(或中国诗歌史)的宏阔而又精微总体历史叙事或文学史学说。朱光潜说:

"中国诗的转变只有两个大关键。第一个是乐府五言的兴盛,从十九首起到陶潜止。它的最大的特征是把《诗经》的变化多端的章法、句法和韵法变成整齐一律,把《诗经》的低徊往复一唱三叹的音节变成直率平坦。"①"这个大转变是由于诗与乐歌的分离。《诗经》是大半伴乐可歌的;汉魏以后,诗逐渐不伴乐,不可歌。"②

"第二个转变的大关键就是律诗的兴起,从谢灵运和'永明诗人'起,一直到明清止,词曲只是律诗的余波。它的最大的特点是丢开汉魏诗的浑厚古拙而趋向精妍新巧。这种精妍新巧在两方面见出,一是字句间意义的排偶;一是字句间声音的对仗。"③

比较这两个转变,朱光潜的结论是:

　　　　这两个大转变之中,尤以律诗的兴起为最重要;它是由"自然艺术"转变到"人为艺术";由不假雕琢到有意刻划。……由"自然艺术"到"人为艺术";由民间诗到文人诗,由浑厚纯朴至精妍新巧,都是进化的自然趋势,不易以人力促进,也不易以人力阻止。④

---

① 朱光潜:《诗论》,第 170 页。
② 朱光潜:《诗论》,第 171 页。
③ 朱光潜:《诗论》,第 171 页。
④ 朱光潜:《诗论》,第 172 页。

将此总体历史叙事与诗歌音义离合的进化公例——就音与义的关系说，诗歌的进化史可分为四个时期：有音无义时期、音重于义时期、音义分化时期、音义合一时期——结合在一起，朱光潜对正处于音义合一时期的"中国诗何以走上律的路"这个独特的文学史现象，就给出了如下一个简赅的答复："一、声音的对仗起于意义的排偶，这两个特征先见于赋，律诗是受赋的影响。二、东汉以后，因为佛经的翻译与梵音的输入，音韵的研究极发达。这对于诗的声律运动是一种强烈的刺激剂。三、齐梁时代，乐府递化为文人诗到了最后的阶段。诗有词而无调，外在的音乐消失，文字本身的音乐起来代替它。永明声律运动就是这种演化的自然结果。"①

由此可见，总结朱光潜的诗学理论建构的基本线索，如果说它的确获得了一种典范意义的启示性，那么，这种启示性在我看来，就是这样的：

一、不仅朱光潜从历史的还原到心理学的还原、从经验判断到本质直观的运思道路具有理论建构的"方法层面"的普遍有效性，其具体论断更是经得起检验与批判的；

二、如果将此运思道路推进到现象学的先验领悟的层次，同时将朱光潜的一般论断推进到语言学转向的本体层面，那么，朱光潜有关诗与中国诗的具体论断，就将获得一种更具有本源性的理论基础。

出人意表的是，在全书的末尾，朱光潜还专辟一章，以陶渊明为个案，从"他的身世、交游、阅读和思想"、"他的情感生活"、"他的人格与风格"三个侧面对陶渊明实施了"综合"研究，以验证自己的"境界"论的普适性。朱光潜认为："文艺到了最高的境界，从理智方面说，对于人生世相必有深广的观照与彻底的了解，如阿波罗凭高远眺，华严世界尽成明镜里的光影，大有佛家所谓'万法皆空，空

————————

① 朱光潜：《诗论》，第196页。

而不空'的景象；从情感方面说，对于人世悲欢好恶必有平等的真挚的同情，冲突化除后的谐和，不沾小我利害的超脱，高等的幽默与高度的严肃，成为相反者之同一。……到了这种境界，人生便经过了艺术化，而身历其境的人，在我想，可以算得一个有'道'之士。"①在朱光潜看来，陶渊明就是这样一位有"道"之士。由此可见，朱光潜的新"形式"观何止是一种形式观？简直就是一种"诗意的栖居"论——虽然他还没有为这种论断建立起真正的现代形态的理论基点。

然而，所有这些论断都不过是一种事后的先见。因为，在三四十年代的历史语境中，就连朱光潜的前述探讨，都尚且不能见容于世（除了在学院里获得了一席之地外）；如何还能期待彼时的中国学界契入20世纪西方学术思潮变迁的主脉，以一种本体论转向的入思方式建构现代中国的诗学体系呢？因此，除了感叹自近世以来中西历史的"时代错置"以外，在学院化的知识生产普遍遭到批判的今天，梳理朱光潜的诗学建构所具有的学术史效应，或许还有助于我们反省，学院化的知识生产所具有的真正的价值基础及其有限性和边界。

不过，比学院化的知识生产的合法性更严峻的问题是，假如一种理论建构存在着某种在本源性层面的理论基点的缺位，那么，这样的理论建构要么在种种无根状态的话语游戏中漂移，要么就将被一种虚假的理论基点所僭夺和窃据。

---

① 朱光潜：《文学与人生》，见《朱光潜美学文集》第二卷，上海文艺出版社1982年版，第244—245页。

# 第五章 现代中国学术的价值诉求及其内在困境

## 一、现代学术的价值本性

仅仅指出王国维"学无古今中西有用无用之别"论对学术创生立场的天才直观和对现代学术分科谱系的理论擘画所具有的理论内涵,还不足以全面敞示王国维的《〈国学丛刊〉序》一文所具有的思想史意义。之所以如此,原因在于:众所周知,晚清以来中国学术之所以遭遇危机,其全部根源,乃是因为学界身不由己地遭遇了持续的学之"有用无用"的价值分裂。因此,如要敞示王国维"学无古今中西有用无用之别"论所具有的全部内涵,就需要对此问题重新加以分析。

概言之,由于晚清以来传统中学的内在演变与"近代"西学的外在挑战,使中国学术之"体用不二"的价值预设(或范型)遭到根本怀疑(或解体),因而,如何重新发现中西学之价值本源以应对现实的危机,就成了晚清士人的根本焦虑之一。然而,由于其对学之价值本性的运思方式本身仍未突破传统学术的樊篱并获得某种现代转型,因此,所谓"中学为体、西学为用"等论断及其变体,无论其主张者在其立论之初暗藏了多少由历史情势的限制而不得不宛转推进的隐衷,其在理论上不可能获得某种对学之价值本性的真正新见，就成了理所当然之事。① 而其在现实层面上的运用，更是遭遇一种始料不及的悖论：就"传统"中学而言，由于其"学"在现实层面的日趋"无用"，反过来加速导致了其"体"之更加不可自持；② 就"近代"西学来说，由于未能真正窥得其经世致用之"实学"之形而上理据，因而对其现实效用的获寻，也就成了无根基的水中幻影。

由此便可以理解，为何在《〈国学丛刊〉序》一文中，王国维一定要把"学无古今中西之别"与"学无有用无用之分"拿在一起来谈论：对"学无古今中西之别"的论证，不过是为谈论"学无有用无用之分"奠定一"现代形态"的理论地基；而对究竟何为学之价值本性的裁决，才是王国维写作此文的真正触发点和理论归结——

> 余谓凡学皆无用也，皆有用也。欧洲近世农、工、商业之进步，固由于物理、化学之兴。然物理、化学高深普遍之部，与蒸汽、电信有何关系乎？……以科学而犹若是，而况于史学、文学乎？然自他面言之，则一切艺术悉由一切学问出，古人所谓"不学无术"，非虚语也。夫天下之事物，非由全，不足以知曲；非致曲，不足以知全。虽一物之解释，一事之决断，非深知宇宙、人生之真相者不能为也。而欲知宇宙、人生者，虽宇宙中之一现象，历史上之一事实，亦未始无所贡献。故深湛幽眇之思，学者有所不避焉。迂远繁琐之讥，学者有所不辞焉。事物无大小、无远近，苟思之得其真，纪之得其实，极其会归，皆有裨于人类之生存福祉。己不竟其绪，他人当能竟之。今不

---

① 具体情形可参阅丁伟志、陈崧著《中西体用之间》（中国社会科学出版社 1995年版）第二章"洋务自强运动引发的中学西学之争"。

② 具体情形可参阅罗志田著《国家与学术：清季民初关于"国学"的思想论争》第一章"国不威则教不循：中学走向无用"。

获其用，后世当能用之，此非苟且玩愒之徒所与知也。学问之所以为古今中西所崇敬者，实由于此。凡生民之先觉，政治教育之指导、利用厚生之渊源，胥由此出，非徒一国之名誉与光辉而已。世之君子，可谓知有用之用，而不知无用之用者矣！①

只是，王国维此论是否真的敞示了学之价值的本源性理据呢？

从表面上看，王国维的论断当无任何缺失：他不仅从"学"与"术"、"宇宙人生"的普遍解释与"一事一物"的真实论断之交互生发性的角度出发论证了学之有用无用的"辩证关系"，而且还从学术传承的历史维度看到了学之价值的时代错位。由是，经过王国维现代学术分科谱系之眼重审过后的"中西古今"之学，其超越具体时空领域限制的超然价值，就得到了充分的揭示。换言之，那种在传统思想范型之下的所谓古今中西之学的"体用断裂"，就在现代思想范型之下得到了很好的裁决。而古今中西之学在当下中国的合法性，相应地也就昭然若揭。

## 二、现代学术价值的生命践履

然而，如果说王国维充分领会到了学之超越性价值本性的本源理据并透辟地论证了古今中西之学在当下中国的合法性（实际上，王国维所真正着意的，乃是传统中学的合法性），那么，当他以个体的学术生命自觉地践履此超越性价值时，他是否充分意识到了自己对此价值的弘扬本身所具有的历史语境的限定性呢？换言之，在清末民初的时代氛围中，王国维的"学无有用无用之别"论是否真的具有现实基础并获得了其所置身的历史语境的响应？如果

---

① 王国维：《观堂集林》（下），第 887—888 页。

答案是肯定的,那么,又该如何看待他1923年应召入值清废帝溥仪小宫闱的南书房行走所具有的"时代错置"性? 究竟是王国维标举学术之超越性价值本身显得不合时宜,还是他自身的学术践履背离了这一超越性?

由是,就个体生命的学术践履而言,若要理解王国维"学无有用无用之别"论的真正意含,就必须要澄清,王国维之所以标举学之超然性价值,是否还有什么待发的现实诉求或幽怀本心。

王国维之追求学问,究竟具有什么样的价值诉求呢? 以早年《论近年之学术界》一文的论证来看,很显然,他之所以反复倡言引进西学(哲学),其目的倒不仅仅只是出于一种文化创生的使命感,同时更是想求得灵魂痛苦的慰藉。由是可以说,从其立论之初,在王国维的心目中,其为学(独立之学)的价值诉求,就本己地包含了两个面相、两种向度:一个向度指向自我的精神救赎,一个向度指向文化传统的创生。王国维之所以撰《奏定经学科大学文学科大学章程书后》一文,其目的就是想为这两种价值的实现而寻求到某种制度性的保证。而六年后写作的《〈国学丛刊〉序》,则是对这一问题的理论论证。①

只是,王国维对现代学术分科制度的规划,是否真的能保证其为学之两种价值诉求的实现呢? 以一年后《三十自序(二)》(1907)一文中的宣告来看,结论恐怕极为否定(至少在为学求精神之慰藉向度如此):

---

① 王国维对为学之双重价值诉求的关切,其前后期的侧重点颇有差别。大体而言,撰写《论近年之学术界》一文的时期,诚如论者所说,由于其"天才情结与人生逆境的严重失衡"所酿成的青春期忧生之苦甚深的缘故,似相对忽略为学求文化传统之创生,而更偏重为学求精神之慰藉。而到了撰《〈国学丛刊〉序》时,由于自身忧生之苦的缓解和文化衰败之痛的加深,王国维对为学求文化传统之创生的价值向度似更加忧心。参夏中义:《王国维:世纪苦魂》,北京大学出版社2006年版。

　　余疲于哲学有日矣。哲学上之学说，大都可爱者不可信，可信者不可爱。余知真理，而余又爱其谬误。伟大之形而上学、高严之伦理学与纯粹之美学，此吾人所酷嗜也；然求其可信者，则宁在知识论上之实证论、伦理学上之快乐论与美学上之经验论。知其可信而不能爱，觉其可爱而不能信，此近二三年中最大之烦闷。而近日之嗜好，所以渐由哲学而移于文学，而欲于其中求直接之慰藉者也。要之，余之性质，欲为哲学家，则感情苦多而知力苦寡；欲为诗人，则又苦感情寡而理性多。诗歌乎？哲学乎？他日以何者终吾身？所不敢知，抑在二者之间乎？①

　　为什么"哲学"就不能充分实现王国维为学求灵魂苦痛之救赎的价值诉求，而要转向"文学"求直接之慰藉呢？究竟是才性不足所致，还有别有更深层次的学术思想史原因？为何在此前和此后都特别看重哲学、文学和史学之紧密联系的他，②在此文中却偏偏强调"哲学"在性质上的"可爱—可信"的分裂，以及"哲学"与"文学"在其"求真—求慰藉"之人生功能上的重大差别？若详绎遗文，并联系现代学术分科制度初创之历史背景，显然，刚刚从传统学术范型之束缚中挣脱出来而进入现代分科学术语境的王国维，由于其哲学家与诗人之天才抱负之不得同时实现之缘故，很快就敏锐地体认到：在现代学术分科的制度下，由于学术自身性质的分化，

---

　　①　王国维：《王国维遗书》（第五册），第22页。
　　②　在撰《三十自序》的前一年，在批判文学科大学不设哲学科课程之谬误时，王国维特别论证了哲学与文学的密切关系：文学上之最可宝贵者，若自其思想言之，则又纯粹之哲学也。"特如文学中之诗歌一门，尤与哲学有同一之性质，其所欲解释者，皆宇宙、人生上根本之问题。不过其解释之方法，一直观的，一思考的；一顿悟的，一合理的耳。"参王国维：《奏定经学科大学文学科大学章程书后》，见《王国维遗书》第五册之《静庵文集续编》，第42—43页。

对任何单一学科的知识探求，不但无助于精神的慰藉与救赎，相反，还会进一步加深灵魂的分裂。① 于是，王国维才不得已从"哲学"转向"文学"。②

倘若经验层面的体认告诉我们，在现代学术分科制度下，对任何单一学科的知识探求，都无助于为学求精神之慰藉的价值诉求之实现，那么，为学求文化传统之创生，是否也会相应落空呢？以《〈国学丛刊〉序》一文的论证来看，王国维的意见是极为否定的。也就是说，在王国维看来，由于存在着一种学术创生之交互发生的本源性立场，存在着一种重构现代学术分科谱系的错置性的交互关联之本源性理据，那么，只要置身于此一立场，并领会到此一理据，为学求文化创生的价值诉求，在理论上就不会成为一种虚设。由此，联系王国维此时正值彻底从"西学"（实际上指哲学和美学）转向"中学"（实际上指文史考据之学）的关节点，我们就可以敞示，王国维标举"学无有用无用之别"论的潜台词或真正意图：传统中学（文化）不但没有失效，相反，对她的研究足以促使文化传统的再生。由于文化传统的创生落实为现实就是文化共同体之创生，因

---

① 事实上，对于晚清那些极端保守的士人来讲，他们早就觉察到，与传统的"体用不二、知行不离、政学不分"之"通人"之学比较起来，任何新的现代学术分科制度的建立，都会改写传统的知识谱系；更重要的，它还会改变传统士人的存身方式，并导致文化命脉的传承方式的变革。而后者的变更必然意味着传统士人的学术践履方式的变更、学者个体的灵魂编码的内在改写和整个文化共同体的文化性格的重新塑形，因此，为了捍卫传统中学的价值诉求，他们必须起而反对任何现代学术分科制度的建立。具体情形可参《翼教丛编》（上海书店出版社 2002 年版）中的相关论述。

至于王国维本人，他的体认则是这样的："新秋一夜蚊如市，唤起劳人使自思。试问何乡堪著我，欲求大道况多歧。人生过处惟存悔，知识增时只益疑。欲语此怀谁与共，鼾声四起斗离离。"参王国维著《观堂丙午以前诗·六月二十七日宿硖石》，见《观堂集林》（下）第 930 页。

② 就历史实情来看，王国维似在艺术意境中得到了精神的慰藉。只是，王国维对意境理论的建构，是否真的为文学之精神救赎功能提供了坚实的理论依据并具有普适的有效性呢？由于此一问题关涉重大，需另文详论。

此，对传统中学的研究必然也会促进文化共同体之再生。

不过，由此便留下一个难题，那就是：在现代学术分科制度下，为了实现中国文化传统的再生，是否就必然要以学人的灵魂分裂为代价呢？如果学术的分化乃是一种不可转移的趋势，那么，现代学人又该如何应对这一趋势？如果学术的分化所带来的灵魂分裂从根本上不可疗治，那么，它会不会反过来从骨子里瓦解为学求文化传统之创生的可能？

说得更具体些，就是王国维对学之超越性价值的标举，到底是内在地遗忘了为学求精神之慰藉的价值诉求？还是内在地裁决了为学之双重价值诉求的冲突与矛盾？如果是后者，那么，此协调的理论依据何在？又有何历史的真实性？

显然，王国维没有对这些问题加以论证。也就是说，王国维没有来得及对学术之所以分化的变迁历程加以总体历史的考察，更没有对自身之学术践履与此总体历史趋势之本源性关系稍加反思。由此便可以理解，为何在此后的文史考据之学的研究中，王国维会对"学无有用无用之别"之超越性价值如此自信，也就是说，对传统中学之文化整合功能如此自信（而对其精神救赎之功能的反省则付之阙如）。正是基于此一自信，历史意识如此敏锐的王国维，才会在为学之价值诉求上失却其历史敏感，时代错置地放大他之应召入值清废帝溥仪小宫闱的南书房行走此举（由"布衣"升为"近臣"）所具有的文化象征意义，不惜身陷"污淖"，直至遭遇现实的断裂，彻底丧失其自信而"与文化共命而同尽"。

## 三、学术变迁的总体历史视野

行文至此，我们或许便可以概括王国维对学术价值之超越性的标举及其践履所遭遇的文化悲剧所具有的学术思想史意义：首先，在现代学术分科的语境下，如要谈论为学的价值效应，其首要前提,就是要打破传统学术之"体与用"、"知与行"、"政与学"的同一性预设和二元对立的思维范式(亦即获得一种思维方式的变革);其次,必须要领会到学术分科的本源性理据,并据此重构出一种符合学之本性的学科谱系(亦即获得一种存在视野的变更);第三、置身于各分科之学之交互生发的隐秘关系中,抛弃任何对"中西古今"之学的价值预设(亦即在此新存在视野的基础上进一步获得一种本体论的转向);第四,充分领会到现代分科之学所具有的社会学与文化史的内涵,并力图在此内涵与空间的限制内,找到一种真正的人学理想之再生的可能与方式(亦即重新将此经过本体论转向后的存在视野社会化、历史化,并在此社会化与历史化的语境内重新反思学术的价值和本性)。否则,就不可能妥当地裁决现代学术之"自我救赎—文化整合"之双重价值诉求的分裂。由是,某种有关学术变迁的(长时段的社会史与文明史的)总体历史视野的重构,就显得尤为急迫。

从总体上看,学术变迁之历史究竟是一种什么样的历史呢? 以"五四"后中国学界的学术探求来看,顾颉刚所提出的"层累地造成的古史"说(1923 年),堪称最为接近历史真相,且最具有启示意义。

以今之视昔的眼光看,顾颉刚以历史演进的方法和(文学)故事的眼光所建构出的"层累地造成的古史"说,无疑已触及到了学术史的如下本性:即学术的书写性、此书写的历史性以及其层累的历史效果性。依据此书写性,不仅学术之价值本性具有了谈论空间,同时,某种学术变迁之总体历史视野的建构,也具有了可能。①

为什么"层累地造成的古史"说这一论断在今天看来竟敞开了学术之价值本性的新的谈论空间,且开启了重建学术变迁之总体历史视野的可能呢? 其原因在于,倘若把此论断置入王国维"学无

---

① 若论及顾颉刚的孟姜女故事研究,此说将得到更清晰的论证。限于篇幅,此处省略。

中西古今有用无用之别"论的视野，那么：首先，王国维所揭示的各分科之中西古今之学之交互生发的隐秘关系，就必定会因"层累地造成的古史"说所揭示的学术写作（历史写作）的书写性而获得某种更坚实的理论地基，并进而获得某种类似于"语言学转向"的本体论转折；其次，"层累地造成的古史"说所揭示的学术书写的历史性，还内在地暗藏了某种历史书写的阐释学原则；第三，在此本体论转向与阐释学原则的基础上，"层累地造成的古史"说所揭示的学术书写的层累地错置的效果历史性，也就具有了某种总体历史视野的特性。而无论从哪一方面来讲，这都是王国维的"学无中西古今有用无用之别"论所内在缺失而又亟须拓展的。质言之，将"层累地造成的古史"说置入王国维"学无中西古今有用无用之别"论的视野，不仅王国维的论断将得到有效的拓展与延伸，顾颉刚的论断也将获得全新的重构与阐释；不仅现代中国学术的创生机制将得到更深一层次的理论奠基，对现代中国学术的价值诉求的探讨，也将获得真正的理论认识。这一理论认识即：倘若学术的本性乃是一种书写性，那么，学术的价值本性就只能存在此书写性中；而所谓学术之价值诉求之实现，相应地就必然是一种书写性的过程。

## 四、"层累地造成的古史"说的生成语境

倘若存在着一种将"层累地造成的古史"说重建成某种学术思想演变之历史哲学与总体历史叙事的可能，那么，有一个必须追问的问题：顾颉刚是否自觉地意识到了这种可能并作出了有效的敞示呢？如果答案是否定的，那么，又是什么因素使然，使得顾颉刚没有意识到，"层累地造成的古史"说这一本属学术思想史领域的论断在整个学术思想史研究领域所具有的惊世骇俗的潜在意义，而使其至今仍是一种经验直观甚至待证的假设？以顾颉刚发表"层累地造成的古史"说后所造成的社会反响来看，显然，如下原因

是甚为值得反思的：

首先，尽管顾颉刚一开始就明确地界定了"层累地造成的古史"说所具有的(古史书写的)学术思想史领域的属性，①但师友的声援与论敌的驳难显然误读了这一论断的意义，从而将此论断从学术思想史的领域误置进了古史研究(古史真相的考辨)的领域，以至于顾颉刚也受了这一误读的牵引，在不自觉间转移了自己所谈论的话题所本属的范围，在《答刘胡两先生书》(1923)一文中谈起了信史与非信史的分别，并指出"层累地造成的古史"说在古史研究领域所具有的革命意义，乃是在推翻非信史方面的。② 之所以有这样的误读和误置，考其原因，中国学界对于古史的信仰势力甚大，至"五四"的时候仍未在史观层面打破真史与伪史的二元对立，在哲学层面未打破"书写的信史即真实的历史、书写的非信史即伪史"的书写(语言)与实在的同一论预设，无疑是最为主要的。③

--------

① 在最初提出"层累地造成的中国古史"说的《与钱玄同先生论古史书》(1923年)一文中，顾颉刚即已指出：层累地造成的中国古史说有三个意思：第一，时代愈后，传说的古史期愈长；第二，时代愈后，传说中的中心人物愈被放大；第三，我们在这上，即不能知道某一件事的真确的状况，但可以知道某一件事在传说中的最早的状况。参顾颉刚：《古史辨自序》，河北教育出版社 2003 年版，第 4 页。

② 用顾颉刚在《答刘胡两先生书》中的话来说，这一"离经叛道"的思想解放意义即：(一)打破了民族出于一元的观念；(二)打破了地域向来一统的观念；(三)打破了古史人化的观念；(四)打破了古代为黄金时代的观念。参顾颉刚：《古史辨自序》，第14—16 页。

③ 事实上，李大钊在《史学要论》(1924 年)一书中，已经在无意中已道破了历史本身和历史真实之间的区别：(1)所谓"过去"："有实在的过去，有历史的过去"；前者指过去本身，是一去不复返的死了的过去，后者指存人间的活着的过去；(2)所谓史实："有实在的事实，有历史的事实"；前者相当于实在发生过的事实，后者意谓史籍所著录所解喻人群所记忆的事实；(3)所谓"历史的真实"，有二意义：一是纪录正确的真实，一是解喻正确的真实。须二者兼备，既有"充分的纪录"，又有"充分的解喻"，才算历史的真实；(4)解喻是不断变动的，故去年的历史真实未必是今年的真实，昨日的真实未必是今日的真实。只可惜，此论提出后，其原创性和思想史意义至今仍未引起学术界的重视。参李守常：《史学要论》，商务印书馆 1999 年版，第 79—80 页。

其次,尽管此后的顾颉刚严守界限,一再声明他的古史考辨所具有的学术思想史研究的属性,[1]并在分析伪古史的由来与将伪史料转化为真史料的过程中,触及到了某种古史书写的阐释学真相;[2]但是,在学术专科化的时代氛围的牵引与古史考辨为的是求信史的时代舆论压力下,顾颉刚愈来愈陷入更加专门、精深的文献考辨中,已来不及对此阐释学真相作哲学层面的反省,更无力对整个中国学术思想史的演变加以总体的透视,从而使得其未能推进对学术思想史的生成本性的更深入的认识,也未能对历史本身的性质加以更清楚的揭示。

然而,除了这些"外在"力量的牵扯之外,是否还有什么"内在"的原因,使顾颉刚没能建构出一种有关学术思想演变的总体历史视野和历史哲学的呢?从《古史辨》第一册"自序"(1926)一文所作的追忆与分析来看,其线索可能就是这样的:

置身于清末民初"新旧"学术权势急剧转换、学术范型急剧变

---

[1]　在《古史辨》第二册"自序"(1930年)一文中,顾颉刚分辩说:"我现在诚挚地自白,我不是一个历史的全能者,因为我管不了这许多历史上的问题;我也不是一个上古史专家,因为真实的上古史自有别人担任。我的理想中的成就,只是作成一个战国、秦、汉史家;但我所自任的也不是普通的战国、秦、汉史,乃是战国、秦、汉的思想史和学术史,要在这一时期的人们的思想和学术中寻出他们的上古史观念及其所造作的历史来。我希望真能做成一个'中古期的上古史说'的专门家,破坏假的上古史,建设真的中古史。"参顾颉刚:《顾颉刚古史论文集》(第一册),中华书局1988年版,第208页。

[2]　在《古史辨》第三册"自序"(1931年)一文中,顾颉刚是这样论述的:"许多伪材料,置之于所伪的时代固不合,但置之于伪作的时代则仍是绝好的史料:我们得了这些史料,便可了解那个时代的思想和学术。例如《易传》,放在孔子时代自然错误,我们自然称它为伪材料;但放在汉初就可以见出那时人对于《周易》的见解及其对于古史的观念了。又如《诗三百篇》,齐、鲁、韩、毛四家把它讲得完全失去了原样……在《诗经》的本身上当然毫无价值;可是我们要知道,《三百篇》成为经典时被一般经师穿上了哪样的服装,他们为什么要把那些不合适的服装给它穿上,那么,四家诗的胡说便是极好的汉代伦理史料和学术史料。荒谬如谶纬,我们只要善于使用,正是最宝贵的汉代宗教史料。逗口而谈古事如诸子,我们只要善于使用,正是最宝贵的战国社会史料和思想史料。"参顾颉刚:《顾颉刚古史论文集》(第一册),第216—217页。

迁的语境,顾颉刚是如何走上"古史辨伪"的研究道路并提出"层累地造成的古史"说的呢? 除了在戏曲和民间歌谣的"故事性"演变研究中所获得的直接启示和胡适的考证文章的方法论示范之外,他交代说,在自觉地承继起郑樵、姚际恒和崔述的考辨伪史传统之前,最初促发其推翻古史的动机的,则是今文家康有为的《孔子改制考》一书。而他之所以读今文家的著述,则又是因在民国初年(1913)听了古文家章太炎攻击今文家的话,以为古文家全是合理的,气愤今文家全是些妄人,"拿辨伪做手段,把改制做目的",这实是为运用政策而非研究学术,因此总想寻找今文家的著述,看它是如何坏的。

然而《孔子改制考》第一篇论上古事茫昧无稽,他一读即觉其极"惬心餍理"。"下面汇集诸子托古改制的事实,很清楚地把战国时的学风叙述出来,更是一部绝好的学术史。"始知"古文家的诋毁今文家大都不过为了党见,这种事情原是经师做的而不是学者做的"。①

过了数年,在今文家的疑古思想越益得到史实证实的情况下,顾颉刚对古文家的缺点的认识也越益深透,认为章太炎在许多地方"都可证明他的信古之情比较求是的信念强烈得多,所以他看家派重于真理,看书本重于实物。他只是一个从经师改装的学者"!② 因此对他的敬爱之心也就更低落了。但这并没有使顾颉刚从此就抛弃了章太炎"薄致用而重求是"的治学路数。他追溯说:

> 当我初下"学"的界说的时候,以为它是指导人生的。"学了没有用,那么费了力气去学为的是什么!"普通人都这样想,

---

① 顾颉刚:《古史辨自序》,第45页。
② 顾颉刚:《古史辨自序》,第43页。

我也这样想。但又经过了长期的考虑，始感到学的范围原比人生的范围大得多，如果我们要求真知，我们便不能不离开了人生的约束而前进。所以在应用上虽是该作有用与无用的区别，但在学问上则只当问真不真，不当问用不用。学问固然可以应用，但应用只是学问的自然的结果，而不是着手做学问时的目的。从此以后，我敢于大胆作无用的研究，不为一班人的势利观念所笼罩了。①

在顾颉刚看来，这个觉悟真是他的生命中最可纪念的，将来如能在学问上有所建树，这一个觉悟定是成功的根源。而追寻最初的启发，就是因为太炎先生攻击今文家的"通经致用"。

只是，当顾颉刚接下来真的放手作"无用的研究"的时候，立即就感受到传统学术没有学术史，以致真伪难辨的痛苦。于是他立下一个宏愿："要编纂《国学志》，把《著述考》列为《志》的一种。"《国学志》最终没有编成，但经过了对国学的这一番认真的清理，顾颉刚进一步看清了传统学术的真面目：

> 旧时士夫之学，动称经史词章。此其所谓统系，乃经籍之统系，非科学之统系也。惟其不明于科学之统系，故鄙视比较会合之事，以为浅人之见，各守其家学之壁垒而不肯察事物之会通。夫学术者与天下共之，不可以一国一家自私。凡以国与家标识其学者，止可谓之学史，不可谓之学。执学史而以为学，则其心志囚拘于古书，古书不变，学亦不进矣。为家学者未尝不曰家学所以求一贯，为学而不一贯是滋其纷乱也。然一贯者当于事实求之，不当于一家之言求之。今以家学相高，有化而无观，徒令后生择学莫知所从，以为师之所言即理之所

---

① 顾颉刚：《古史辨自序》，第42页。

在,至于宁违理而不敢背师。是故,学术之不明,经籍之不理,
皆家学为之也。今既有科学之成法矣,则此后之学术应直接
取材于事物,岂犹有家学为之障乎!①

　　由是,顾颉刚就把他编撰《国学志》的意图概括为:"是书之辑,
意在止无谓之争,舍主奴之见,屏家学之习,使前人之所谓学皆成
学史,自今以后不复以学史之问题为及身之问题,而一归于
科学。"②

　　依顾颉刚的自叙,在进行这种大而无当的整理国学的工作同
时,由于时代的激荡使得他的精神刺促不宁,得不到安慰,因此,他
此时的中心思想倒不是整理国故,而是研究哲学。顾颉刚研究哲
学的结果如何呢?经过许久鲁莽的奔驰,他最终得出结论说,由于
人类用尽了理智,也只能知道很浅近的一点,绝不是全宇宙;因此,
神学家和哲学家"幻想的与造物者游,还不及科学家的凭了实证,
以穷年累月之力知道些懍戮的真事物"。③由此,顾颉刚便又有了
一个觉悟,知道过去的哲学是建设于玄想的基础上,其中虽有许多
精美的言论,但实际上只是解颐之语而已,终不成定论。而科学的
哲学,现在正在发端,也无从预测它的结果。因此,"我们要有真实
的哲学,只有先从科学做起,大家择取了一小部分的学问而努力;
等到各科平均发展之后,自然会有人出来从事于会通的工作而建
设新的哲学的"。④

　　正当顾颉刚对宋代理学深感失望甚至憎恨到了极点的时候,
由于思想革命的兴起,使他一向隐藏着的傲慢的见解屡屡得到了

---

① 顾颉刚:《古史辨自序》,第49页。
② 顾颉刚:《古史辨自序》,第49页。
③ 顾颉刚:《古史辨自序》,第50页。
④ 顾颉刚:《古史辨自序》,第51页。

不期而遇的同调，骤增挣脱传统思想束缚的勇气，打破旧思想的意识也更加明确。恰巧这时胡适受聘北京大学哲学系，主讲中国哲学史，"辟头一章是'中国哲学结胎的时代'，用《诗经》作时代的说明，丢开唐、虞、夏、商，径从周宣王以后讲起"。① 这一改把顾颉刚等人充满着三皇、五帝的脑筋骤然作一个重大的打击，骇得一堂中舌挢而不能下。从此以后，顾颉刚就对胡适非常信服，上古史靠不住的观念也更加坚定了。

1918 年，因病休学回家的顾颉刚开始搜集歌谣。搜集的结果，使他知道歌谣和小说戏剧中的故事一样，会随时随地变化。这一发现与顾颉刚在读胡适的考证文章中所得到历史方法的启示旨趣相通，于是，两相对照，顾颉刚不仅领悟到研究古史也尽可以应用研究故事的方法，而且还自觉到最适合他性情的学问乃是史学。这种觉悟因在"五四"后标点姚际恒的《古今伪书考》、整理崔述的《东壁遗书》的缘故而接续上了传统学术中的古史考辨传统，于是，无论从观念、方法，还是从学术传统的承继方面来讲，顾颉刚重新考辨上古史传说的学术准备，就达到了完备的程度。

1922 年初，为生计故，顾颉刚为商务印书馆编纂《中学本国史教科书》。这样的教科书，中古史之后由于有信史可凭，编起来当无太大的难处，可上古史该怎样办呢？ 上古史的三皇五帝系统当然是推翻了，考古学上的中国上古史，现在才刚开头，远不能得到一个简单的结论。思索良久，顾颉刚只好将《诗》、《书》和《论语》中的上古史传说整理出来，如实地草成一篇《最早的上古史的传说》。不整理不要紧，一整理，顾颉刚才发现，原来禹是西周时就有的，尧、舜是到春秋末年才起来的。越是起得后，越是排在前面，等到有了伏羲、神农之后，尧、舜又成了晚辈，更不必说禹了。于是，顾颉刚就建立了一个假设："古史是层累地造成的，发生的次序和排

---

① 顾颉刚：《古史辨自序》，第 53 页。

列的系统恰是一个反背。"①

## 五、现代学术价值之思的历史局限性

"层累地造成的中国古史"说的提出经过大致如上。透过这样的自述，我们可以清楚地看到，在正式从事"古史辨伪"之前，顾颉刚对学术的本性及其价值诉求究竟为何这一问题，已经有了如下认识：

首先，从立志问学之初，他就领会到了学术研究与学术创生之交互去蔽、交互生发的隐秘机制，并自觉置身到了其中；②

其次，在今古文的交互去蔽和对古文家治学精神的自觉承继下，他很快便获得了某种"学术独立"的意识，并试图裁决"求是"与"致用"的二元论冲突与一元论预设。

然而可惜的是，顾颉刚对哲学的研究不但未获得任何思想的进展，相反加剧了其对科学的常识性信念，③从而使其彻底地放弃了哲学，对科学的哲学反思也就内在缺失。正是这一对"哲学的短视"，使顾颉刚早早地放弃了对学术创生之交互去蔽、交互生发的隐秘机制的哲学反思，相应地，对于究竟何为"独立之学"，学术的价值诉求究竟为何，也就没有获得什么颇具思想史深度的认识。

由此便可以理解，为何顾颉刚在提出"层累地造成的中国古史"说时，竟无力将其提升到哲学的层面来思考，更别说意识到，还

---

①　顾颉刚：《古史辨自序》，第 68 页。

②　在稍后的总结中，顾颉刚更清楚明白地指出："清末的古文家依然照了旧日的途径而进行，今文家便因时势的激荡而独标新义……这两派冲突时，各各尽力揭破对方的弱点，使得观战的人消歇了信从家派的迷梦。"参顾颉刚：《古史辨自序》，第 93 页。

③　在顾颉刚眼里，所谓"科学"，就是意味着理性，意味着证据，意味着累积性、然否性、非善恶性，以及试错性和有限性等。具体论述参顾颉刚在《古史辨》第一册"自序"中的相关文字。

应对自己打破"信仰的信史（古史）"而重建"科学的信史"这一"层累地造成的中国古史"的古史书写传统的当代延续的"阐释学事件"，进行本体论式的反思。这一缺失使后"五四"的中国学界不仅错失了某种现代阐释学立场之觉醒的良机，而且与某种学术思想演变的总体历史叙事的建构失之交臂。

由是可以断言，尽管顾颉刚一再声称自己心仪王国维所标举的"学无中西古今有用无用之别"论的境界并深受其治学路径的影响，然而事实上，在对学术本性和学术传统的创生机制的认识方面，顾颉刚不仅没有获得像王国维所获得的那种哲学思想的现代转型，更别说很好地承继并推进了清末民初那一代学人的问题意识和思想深度。于是，顾颉刚对学之价值本性的理解，就仍停留于"科学"之"求真"的层面，至于它之所以产生现实效益，这与它本身倒并不怎么相关，只不过是它的一种"间接效应"：

> 惟其他们有许多专心研究的人研究着一般人看为无用的学理，能够处处发见真事实，因此有人要应用时也就有了事实的基础而容易成功。所以科学的应用是间接的，不是直接的，只因为它的用是间接的，它的本身没有用，所以为一般急功近利的人所不喜。他们看不见它的真价值，只觉得是些"无聊的考据"，但也因为它的本身没有用，不为现实的社会所拘束，所以它的范围可以愈放愈大，发见的真理也愈积愈多，要去寻应用的材料也日益便利，这就是无用之用。①

这一"无用之用"究竟如何应用呢？依顾颉刚的看法，这种斟酌取舍"原是政治家、社会改造家、教育家的事情而不是我们的事

---

① 顾颉刚：《1926 年始刊词》，文载《北京大学研究所国学门周刊》1926 年，第二卷第 13 期，第 7 页。

情；我们尽力于研究还来不及，那能顾到这一方面呢"？①

　　然而，这一基于"科学"的定义而作出的"求真与致用"的划分，无论如何也难以缩合学人个体的精神需求，并有效应对现实的困窘。因此，当30年代因国难加剧、生计日艰而创办《禹贡》学刊时，顾颉刚的主张便在无可奈何中作出了某种修正：

> 　　当承平之世，学术不急于求用……及至国势凌夷，踏天踏地之日，所学必求致用，非但以供当前之因应而已。又当责以弘大之后效……以我国今日所处地位之危险，学术上实不容更有浪费，故定其价值之高下必以需用与否为衡量之标准。②

　　由此表明，经过了一番"科学"探求的轮回，后"五四"学人对于学之价值本性的认识，就又回到了传统学之"求是"与"致用"的二元性分析范式的覆辙中。③

　　正如顾颉刚所一再苦恼与焦虑的那样，研究学问不能孤立，如果得不到研究他种学问的人的帮助，自己着手的一部分必然也得不到进步。因此，当到了40年代，整个中国学界都还未获得一种类似于语言学转向式的哲学突破的时候，期待顾颉刚在20年代提出"层累地造成的中国古史"说时就领会到其所具有的学术思想史的总体历史视野的内涵，显然不切实际。所堪叹息的是，似乎到了今天，中国学界仍未习得这样的一种本体论转向的思维方式。

--------

　　①　顾颉刚：《1926年始刊词》，第9页。

　　②　顾颉刚：《禹贡学会研究边疆计划书》(1936)，文载《史学史研究》1981年第1期，第66页。

　　③　这再次表明，由于现实迫在眉睫的危机以及由此危机所引发的激进的社会变革思潮和致用的现实需求与意识形态，给现代中国学术所造成的困境是多么的深重。

# 第六章　现代中国的学术精神与学科规训

## 一、现代学术精神的个体生命维度

还是在《古史辨》第一册"自序"中，当顾颉刚指出他推翻古史的动机乃是受了《孔子改制考》的启发之后，紧接着又陈述，他对今文家治学的态度却总不能佩服。他说："我觉得他们拿辨伪做手段，把改制做目的，是为运用政策而非研究学问。"[①]持这种态度的人丧失了一个学人所应具备的最起码的精神品格，结果就是只为运用政策作自己的方便，所以虽是极鄙陋的谶纬也要假借了做自己的武器而不肯丢弃；只把政策与学问混而为一，所以在学问上也就肯轻易地屈抑自己的理性于怪妄之说的下面。

这班自欺欺人的人，说来也可怜。他们并不是不要明白古代的事实，只为汉学是如此说的，所以宁取其不信者。他们并不是没有常识，只为汉学是如此说的，所以虽是应怪而终于不敢怪。究竟汉学为什么有这样大的权力，可以改变古代的事实而屈抑今人的理性？这个答案当然没有第二句话：是为

① 顾颉刚：《古史辨自序》，第59页。

有了几个没出息的人甘心屈抑了自己的理性而做汉人的奴隶，更想从做奴隶中得到些利益的缘故。我们惭愧没有这种受欺的度量，但我们也很欣快没有这种奴隶的根性；我们正有我们自己的工作在，我们的手段与目的是一致的！①

　　顾颉刚不仅通过批判今文家来表明了自己的学术姿态，在陈述完他之所以走上古史辨伪道路所承受的时势、所随顺的个性，以及所不肯错过的境遇之后，他还如此表白说：

　　　　我的心目中没有一个偶像，由得我用了活泼的理性作公平的裁断，这是使我极高兴的。②

　　而这活泼的理性和公平的裁断，就是虽去效法许多值得佩服的人，但却不把自己的灵魂交与他们，随他们摆布；不用势利的眼光去看不占势力的人物；不肯加入任何一家派；不肯用习惯上的毁誉去压抑许多说良心话的分子。

　　由此可见，在顾颉刚的心目中，一个学人所应具备的最起码的精神品格，当是直面事实、学术独立、精神自由、态度平等。如果说古代中国学人因种种条件的制约，很难做到这一点，以今日学问之发达，一个现代学人是很难再有借口的。

　　然而，顾颉刚所持守的学术独立与精神自由，就是今人所理解的"学术独立"与"精神自由"吗？要回答这一问题，尚需重新梳理，在顾颉刚的心目中，究竟什么是真正的学术。

　　究竟什么是真正的学术呢？像其他人那样，顾颉刚起初以为，哲学无疑是最具有学术性的。因为世界上的事物繁杂离奇，要想

————————

① 顾颉刚：《古史辨自序》，第 60 页。
② 顾颉刚：《古史辨自序》，第 96 页。

明了它们的关系，得到一个简单的纲领，是非研究哲学不可的。于是，为求得精神困苦的彻底解决，顾颉刚入大学本科时便选择了读哲学。然而，哲学果真能为顾颉刚提供宇宙人生的最高原理吗？经过许久鲁莽的奔驰，他的感悟却是：最高的原理原是藏在上帝的柜子里，永远不会公布给人类瞧的。

> 人之所以为人，本只要发展他的内心的情感；理智不过是要求达到情感的需求时的一种帮助，并没有独立的地位。不幸人类没有求知的力量而有求知的欲望，要勉强做不能做的事情，于是离了情感而言理智。但是这仅是一种妄想而已，仅以聊以自慰而已，实际上何曾真能探得宇宙的神秘。用尽了人类的理智，固然足以知道许多的事物的真相，可是知道的只有很浅近的一点，决不是全宇宙。神学家和哲学家傲然对科学家说："你们的眼光是囿于象内的，哪能及到我们'与造物者游'的洞见理极呢！"话虽说得痛快，但试问他们的识解是从什么地方来的？不是全由于他们的幻想吗？幻想的与造物者游，还不及科学家的凭了实证，以穷年累月之力知道些憭戳的真事物。所以我们不做学问则已，如果要做学问，便应当从最小的地方做起。研究的工作仿佛是堆土皇，要高度愈加增先要使得底层的容积愈扩大。固然堆得无论怎样高总不会有扪星摘斗的一天，但是我们要天天去加高一点却是做得到的。①

由此可知，在此时的顾颉刚心中，所谓真正的学术，已经变成了一种（对）有限性的知（的探求），它是实证性的、渐进性的、累积性的。如是而论，顾颉刚所持守的学术独立与精神自由，落到实处，就是恪守实证的、渐进的、累积的治学态度。正因为有此认知，

---

① 顾颉刚：《古史辨自序》，第50页。

当顾颉刚宣称自己将把全生命倾注于学问生活之中时,才再三申述说:

> 我知道固有的是非之心的可贵,所以不受习惯的束缚,不怕社会的威吓,只凭了搜集到的证据而说话。我知道自己的凭借,故不愿没却他人的功绩;也知道自己的缺点,故不愿循着一时的意气。我知道学问是一点一滴地积起来的,一步不走便一步不到,决没有顿悟的奇迹,所以肯用我的全力在细磨的工夫上,毫不存侥幸取巧之心。我知道学问是只应问然否而不应问善恶的,所以我要竭力破除功利的成见,用平等的眼光去观察一切的好东西和坏东西。我知道我所发表的主张大部分是没有证实的臆测,所以只要以后发见的证据足以变更我的臆测时,我便肯把先前的主张加以修改或推翻,决不勉强回护。因为我有了以上种种的自觉,所以我以为我现在固然学力浅薄,不足以解决多少问题,但我的研究的方法和态度是不错的,我的假设虽大胆而绝不是轻举妄动,只要能从此深入,自可驯致于解决之途。①

明白了顾颉刚所表白的学术精神的具体内涵,也就明白了:顾颉刚之倡言"层累地造成的古史"说,不仅有某种学理的依据,而且有着特定的精神依托。由此便产生了这样的疑问:一、像顾颉刚这样的后"五四"学人,为何会如此嘱意于学术精神的探求并反复申辩呢? 二、顾颉刚所阐明的学术精神,又具有什么学术史和思想史的意义? 三、顾颉刚对学术精神的理解,是否准确完整地概括了现代中国学术精神的内涵? 现代中国学人所(自我)型塑、践履的精神品格,其整体风貌是怎样的? 四、以今天的眼光看,现

---

① 顾颉刚:《古史辨自序》,第98页。

代中国学人，是否已经完成了其本应完成的学术精神的型塑？

　　该如何回答这些问题呢？或者换言之，现代中国学术史本身是否已经为这些问题的回答提供了隐在的线索？

　　从第一个问题开始，如前所述，学术的新型价值诉求不仅需要有新型的学科体制作制度性的保障，更要紧的是，还需要有某种新型的精神主体为其提供生命的依托。由此而言，作为一个文化（传统）更新的事件，现代中国学术的开创，其前提性的困难就不仅在于需要成功地重构出一种学术（文化）制度，还需要成功地塑造出一种（学术文化的）精神质素。该如何塑造这样一种精神质素呢？置身于不同的历史情势、秉承不同的精神资源，晚清学人作出了艰苦的思索（尽管这些思索彼此矛盾、歧义百出）。其中，尤以梁启超和王国维最为杰出。梁氏从一种"学术操作"或"思维术"的层面，将这一亟待重建的学术精神归结为"科学精神"。① 而特别强调学术之超越性价值的王国维，则从学术与生命之本源性关系的层面，把这一精神的核心归结为"独立"与"自由"。两种看法各有所见。然而，由于其所置身的历史情势之复杂，所遭遇的古今中西之精神冲突之剧烈，以致其各自的主张不但没有得到学界恰切的回应，反而因某种"时代错置"而招致自我颠覆：王国维以其对现代学术分科制度的建构与现代学术精神的重塑之不协调性的天才敏感，使自己深陷如下这个知识社会学的难题（同时也是现代性的难题）——在现代学术分科制度下，由于学术自身性质的分化必然伴

---

　　① 在《论中国学术思想变迁之大势》(1904)一书中，梁启超将这一"科学的精神"概括为："善怀疑，善寻间，不肯妄徇古人之成说与一己之臆见，而必力求真是真非之所存，一也；既治一科，则原始要终，纵说横说，务尽其条理，而备其左证，二也；其学之发达，如一有机体，善能增高继长，前人之发明者，启其端绪，虽或有未尽，而能使后人因其所启者而竟其业，三也；善用比较法，胪举多数之异说，而下正确之折衷，四也。""凡此诸端，皆近世各种科学所以成立之由，而本朝之汉学家皆备之，故曰其精神近于科学。"参梁启超：《论中国学术思想变迁之大势》，上海古籍出版社 2001 年版，第 113—114 页。

随学人精神的分化,因此,对任何单一学科的知识探求,如何能实现健全灵魂的自我型塑? 而梁启超则因"欧洲文明破产"的直观,宣称应走出"科学万能"的迷梦。

历史的急剧变迁遮蔽了晚清学人的深刻洞见。特别是 20 年代兴起的"科学与人生观"的思想论争,更因其形而上学的色彩和意识形态性而严重缺乏现代学术的基本精神,①从而使其为现代学术文化精神谋求一条出路的初衷以一种反讽的方式内在落空。由此反观顾颉刚对学术精神的理解,纵使其撰文的目的并不是想介入"科学与人生观"的论争,然而毫无疑问,他的思想已触及到了现代学术精神变迁的主脉,并以其对现代学术精神的恪守表明了其对甚嚣尘上的"唯科学主义"意识形态的警觉和保留。这就是顾颉刚的学术精神观所具有的思想史意义:学术的独立与自由不仅意味着对种种传统的价值判断在先的"功利主义"研究态度的批判,同时意味着对任何现代的目的论之意识形态的拒绝。学术的根底在于事实和理性。学术精神的真义在于对世界(和历史)始终保持一种实证性的、渐进性的和累积性的认知态度。

## 二、现代学术精神的文化创生维度

顾颉刚的学术精神观继承、调和了晚清学人对这一问题的洞察。他推崇现代科学理性精神,并将其内化为自己的人生观(生存态度),从而超越了梁启超;他标举精神的独立与自由,但对这一独

---

① 有关"科学与人生观"论争中的"唯科学主义"和"形而上学"倾向,可参张君劢等著《科学与人生观》(辽宁教育出版社 1998 年版)、郭颖颐著,雷颐译:《中国现代思想中的唯科学主义》(江苏人民出版社 1998 年版)、严搏非著《论新文化运动时期的科学主义思潮》(载许纪霖编:《二十世纪中国思想史论》(上卷),东方出版中心 2000 年版,第180—222 页)、汪晖著《现代中国思想的兴起(下卷第二部)》(生活・读书・新知三联书店 2004 年版)等著作与论文的分析和批评。

立与自由作了科学实证化的理解，从而又与王国维有所不同。他的这一独特取向毫无疑问为现代中国学术的开创提供了持续的精神动力。但是这并不意味着他已穷尽了现代中国学术精神的所有向度。事实上，考察一下20年代中国学人对现代学术精神的另一种代表性论断，我们对究竟何谓现代中国学术精神的认识，或许将更加深入。

就在顾颉刚发表《古史辨》第一册"自序"之后不久，众所周知，陈寅恪就在《清华大学王观堂先生纪念碑铭》(1929)一文中，借悼念王国维之机，以比顾颉刚更为直截了当的方式——以"独立之精神、自由之思想"这一断语，为一个现代学人之生命践履提供了最具有学术性的阐释，从而也指明了一个现代学人所应具备的最极限的精神高度。

除了对时风的批判外，很难说陈寅恪的论断与顾颉刚的理解有什么瓜葛。然而，同样是标举"独立与自由"，自然会让人心生好奇，顾颉刚的理解与陈寅恪的论断究竟有什么异同？或者换言之，陈寅恪所敞示的学术精神，其内涵与所指究竟又是怎样的？

与今天那些抱着"自由主义"目的论叙事的人所持的流行观点不同，在我看来，通观陈寅恪的一生行事，其所说的"独立之精神、自由之思想"的内涵，当可以作如下概括：

首先，针对西方学术的霸权，求本国学术之独立与自由。此意在《吾国学术之现状及清华之职责》(1931)一文中说得最为明白沉重："吾国大学之职责，在求本国学术之独立，此今日之公论也。若将此意以观全国学术现状，则自然科学，凡近年新发明之学理，新出版之图籍，吾国学人能知其概要，举其名目，已复不易。虽地质生物气象等学，可称尚有相当贡献，实乃地域材料关系所使然。古人所谓'慰情聊胜于无'者，要不可遽以此而自足。西洋文学哲学艺术历史等，苟输入传达，不失其真，即为难能可贵，遑论其有所创获。社会科学则本国政治社会财政经济之情况，非乞灵于外人之调查统计，几无以为研求讨论之资。教育学则与政治相通，子夏曰'仕而优则学,学而优则仕',今日中国多数教育学者庶几近之。至于本国史学文学思想艺术史等,疑若可以几于独立者,察其实际,亦复不然。近年中国古代及近代史料发见虽多,而具有统系与不涉傅会之整理,犹待今后之努力。今日全国大学未必有人焉,能授本国通史,或一代专史,而胜任愉快者。东洲邻国以三十年来学术锐进之故,其关于吾国历史之著作,非复国人所能追步。昔元裕之、危太朴、钱受之、万季野诸人,其品格之隆污,学术之歧异,不可以一概论;然其心意中有一共同观念,即国可亡,而史不可灭。今日国虽幸存,而国史已失其正统,若起先民于地下,其感慨如何?"①

由此表明,陈寅恪对现代中国学术精神的理解,一开始就超越了学人之个体精神型塑的层面,而将其提升到了一种文化传统之精义的维度。这一精义即:一个国家、一种文化传统,如若缺乏了一种超然物表的独立之精神,其命运前途就实可堪忧。由此便引出了一个深层的问题,那就是,这独立之根本在哪里呢? 依据其历史研究所获得的"通识",陈寅恪认为,就在文化传承与创生之本来路径——"文化民族本位主义",②和学人个体对于历史真实与真理之坚执的信念——"守伧僧之旧义"(1940)③之中。而正是因了

---

① 陈寅恪:《金明馆丛稿二编》,第 361—362 页。

② 有关"文化民族本位主义"的内涵,拙作《现代中国学术的研究立场与"学无中西论"——学术史反思札记之一》(载《中文自学指导》2005 年第 6 期)一文有详细揭示,可参阅。

③ 在《陈垣明季滇黔佛教考序》(1940)一文中,陈寅恪曾说:"昔晋永嘉之乱,支愍度始欲过江,与一伧道人为侣。谋曰:'用旧义往江东,恐不办得食',便共立心无义。既而此道人不成渡,愍度果讲义积年。后此道人寄语愍度云:'心无义那可立,治此计,权救饥耳。无为遂负如来也。'忆丁丑之秋,寅恪别先生于燕京,及抵长沙,而金陵瓦解。乃南驰苍梧瘴海,转徙于滇池洱海之区,亦将三岁矣。此三岁中,天下之变无穷。先生讲学著书于东北风尘之际,寅恪入城乞食于西南天地之间,南北相望,幸俱未树新义,以负如来。"(见陈寅恪:《金明馆丛稿二编》,第 273 页。)在《先君致邓子竹丈手札二通书后》(1965)一文中,他又说:"寅恪过岭倏逾十稔,乞仙令之残砂,守伧僧之旧义,颓龄废疾。将何所成!"(见陈寅恪:《金明馆丛稿二编》,第 286 页。)

这样的卓识和信念，使陈寅恪获得了一种超乎寻常的自信和透过"古典"以预见"今事"的眼光，毅然以一己的血肉生命承担了"继绝扶衰"的文化使命，[①]并对现代中国学人的学术操守保持了一种历史的冷峻。

在《元白诗笺证稿》(1950)一书中，陈寅恪是这样来分析历史、预见现实的：

> 纵览史乘，凡士大夫阶级之转移升降，往往与道德标准及社会风习之变迁有关。当其新旧蜕嬗之间际，常呈一纷纭错综之情态，即新道德标准与旧道德标准，新社会风习与旧社会风气并存杂用。各是其是，而互非其非也。斯诚亦事实之无可如何者。虽然，值此道德标准社会风习纷乱变易之时，此转移升降之士大夫阶级之人，有贤不肖拙巧之分别，而其贤者拙者，常感受痛苦，终而消灭而后已。其不肖者巧者，则多享受欢乐，往往富贵荣显，身泰名遂。其故何也？由于善利用或不善利用此两种以上不同之标准及习俗，以应付此环境而已。[②]

而陈寅恪无疑作了贤者拙者的选择。由此便引出了"独立之精神、自由之思想"的第二层内涵：对文化命脉的承担，尚需做到对现实(之变迁)、对世风(之转移升降)的独立。

然而独立于世风何其难也。因新旧"异代"之际，左右社会学术风气的力量往往并非来自学术，而是来自权力与政治。由此，对世风的独立往往便在违逆旧朝的同时触怒新廷——这便是"独立之精神、自由之思想"的第三层含义：独立于政治/权力。而陈寅

---

① 王永兴：《陈寅恪先生史学述略稿》，北京大学出版社 1998 年版，第 142—150 页。
② 陈寅恪：《元白诗笺证稿》，生活·读书·新知三联书店 2001 年版，第 85 页。

恪的一生行事无疑以其惊世骇俗、壁立千仞的姿态践履了这一碑铭。[1] 由是，在20世纪90年代以来的学术史反思热中，当人们正痛感于自20世纪中叶以来中国学人独立于政治/权力的学术精神的普遍匮乏之时，几乎在突然间发现，竟然还有一个陈寅恪，曾以其病老之躯、衰残之体，孤身一人支撑起了20世纪后半叶整个中国学界的精神高原，其心灵的震撼惟苍天可证。

## 三、现代学术精神的历史深度

比较一下顾颉刚与陈寅恪对学术精神的理解之差异，倘若我们抛弃某种非此即彼的二元对立的思维方式，显然，我们很快便会发现：围绕着"学术独立与思想自由"这一核心意旨，现代中国学人对现代中国学术精神的阐发内在地彰显出了两个不同的向度、

---

[1]　1953年12月，当北京邀请陈寅恪北返主持中科院中古史研究所的工作时，他的答复竟是："我的思想，我的主张完全见于我所写的《王观堂先生纪念碑铭》中。……我当时是清华研究院导师，认为王国维是近世学术界最主要的人物，故撰文来昭示天下后世研究学问的人，特别是研究史学的人。我认为研究学术，最重要的是要具有自由的意志和独立的精神……没有自由思想，没有独立精神，即不能发扬真理，即不能研究学术。学说有无错误，这是可以商量的……个人之间的争吵，不必芥蒂。……但对于独立精神，自由思想，我认为是最重要的……是必须争得的，且须以生死力争。……一切都是小事，唯此是大事。碑文中所持之宗旨，至今并未改易。我决不反对现政权，在宣统三年时就在瑞士读过《资本论》原文。但我认为不能先存马列主义的见解，再研究学术。我要请的人，要带的徒弟都要有自由思想，独立精神。不是这样，即不是我的学生。……从我之说即是我的学生，否则就不是。将来我要带徒弟，也是如此。因此，我提出第一条：'允许中古史研究所不宗奉马列主义，并不学习政治。'其义就是不要有桎梏，不要先有马列主义的见解，再研究学术，也不要学习政治。不止我一人要如此，我要全部的人都如此。我从来不谈政治，与政治决无连涉，和任何党派没有关系。怎样调查也只是这样。因此我又提出第二条：'请毛公或刘公给一允许证书，以作挡箭牌。'其意是毛公是政治上的最高当局，刘少奇是党的政治上的最高负责人。我认为最高当局也应和我有同样的看法，应从我说。否则，就谈不到学术研究。"参陆键东：《陈寅恪的最后二十年》，生活·读书·新知三联书店1995年版，第111—112页。

不同的层次——一个向度指向个体性的精神品质与生存态度，一个向度指向文化传统创生和学人之存身于世的本源性依据。现代中国学术精神形成了一个以自由和独立为核心的张力结构。离开了这个张力结构的任何一方，任何对现代中国学术精神的把握，都将缺乏起码的深度。

这一深度究竟为何？若仔细审读顾颉刚的自序，可以发现，在其恪守某种实证性、渐进性和累积性的治学态度背后，最根本的，乃是对人的精神有限性边界的恪守。也就是说，尽管顾颉刚对形而上学的拒斥承载了不少时代的谬见，但透过此谬见，我们却发现，顾颉刚无疑已在精神层面领会到学术对于最高原理的探求，以及学术对于精神困苦的救赎的终极限度。学术只能在这终极界限之内运行，尽管学术的本性和使命就是不断地挑战这一界限。由此，所谓学术精神的真义，就是永远游走于学术与生命、真理与历史的边界之处。

至于对本国学术之独立和对世风、权力之独立的学术追求，细察陈寅恪对中国的政治经济文化变迁的宏伟史识，以及他对学术本身就是一种现实的介入力量的卓越领悟，即可明白这一"独立"的真正意涵乃是：学术的独立本身恰是最具政治性的，学术以其对具体的政治事务的超越而实现其政治诉求。可惜的是，囿于今天的现实语境和那种学术/政治（权力）的二元对立眼光，人们大多没有思及这一深度。

学术从来就没有超越政治。对学术超越于政治的追求，本身就是极具政治性的。只是，这一政治性究竟为何呢？依据陈寅恪的相关论述，其实质当是：不仅以自己的学术书写，而且还以一己的生命践履，毅然置身于学术创生与文化整合的交互发生机制中，一方面维系住现代中国文化的核心精神，一方面型塑出整个现代中国社会与文化秩序的良性结构，与文化与民族国家的命脉共沉浮，而不管历史语境、社会风习、政治权势与个人命运的变动。也就是说,学术永远是与民族国家、政治经济权力、文化历史牵连在一起的,学术本身就在型塑着民族国家、政治经济权力和文化历史。只不过,学术这样一种型塑力量,与其他力量不是本质同一性的,而是异质超越性的。它表明,民族国家、政治经济权力和文化历史本身也是一种异质同构又错置并立的张力结构。任何一种良性的文化精神,都应该自觉地居身于这一张力结构之间,而不随任何要素的变动而逾越半步。

学术精神的真义就是永远固守于某种既"居间"又"极限"的位置,并凭此位置的占据,为某种异质同构、错置并立的存在境域(这一结构内在地包含个体生命的精神困苦、良性或恶性的社会结构、合理或不合理世界秩序等多重维度)提供某种介入力量和批判性要素。这就是被遮蔽的现代中国学术精神之张力结构所具有的理论内涵与历史深度。

## 四、现代学术精神的文明史限度

然而问题的严峻性在于,倘若学术精神的真义就是以某种实证性的、渐进性的、累积性的治学态度持守某种既"居间"又"极限"的超越性位置,并通过此持守以实现学术的政治、文化效应,那么,为何在特定的历史境遇中,同样是对这一精神的坚持,却会导致完全不同的结局? 时代的变迁为何诡异如此,以致无论贤者拙者,还是巧者不肖者,都有可能在那道德标准社会风尚之纷乱变易的激流中,或因对这一精神的坚守而富贵荣显、身泰名遂,或因对这一精神的坚守而生命沉沦、事业成空? 学术精神的变迁与社会风习的变动之互动关系,究竟是怎样的?

针对这一问题,通过对长时段的社会与文明分化给个体和社会带来的影响的精湛研究,文明史家诺贝特·埃利亚斯指出:个人和社会不是指两个割裂的存在,而是同一个人不同但却不可分割的两个方面。它们都处于一种变化的结构中。这种变化使得个人心理结构的演化和那种把许多互相依赖的个人凝聚在一起的社会结构的演化之间存在着一种复杂的"呼应式"的互动关联。这一关联即：人类社会和文明越往前推进，社会的分化和文明的分化越趋于细密，人的情感和情感控制结构就朝着越来越严格、越来越细腻的方向发展。换言之，人类社会和文明越趋于细密化，人的自我控制机制和规训机制也会趋于细腻化。①

　　只不过这一细密化绝不是一种线性进化。因为，当那种把许多互相依赖的个人凝聚在一起的社会结构的细密演化抵达了特定时空的社会结构所能承受的临界点的时候；或者，当更广范围的人类社会和文明的细密演化打破了特定时空的社会结构的极限空间的时候；寻求新的社会整合和文化整合的机制，就成了在新的历史条件之下人类社会和文明演进的内在任务。而这一任务是以拓展特定历史时空社会和文化整合的极限空间为前提。因此，当个体身处这样的临界点的时候，除了感受和承担社会与文明的"天崩地裂"之外，重新调适自我的心理控制机制，重新谋划自身之价值实现的极限空间并促进新的社会与文化整合机制的形成，就成了觉醒之个体的内在使命与任务。

　　然而由于谁也无法准确把握特定时空之社会结构所能承受的极限空间之崩溃的临界点，在埃利亚斯的研究基础上，通过对西方知识分子历史的具体考察，社会哲学家齐格蒙·鲍曼进一步指出：置身于整个社会与文明的整合机制之"分化—重构"的演进历程中，作为最具有"自我合法性"论证意识的一个群体，知识分子的社会身份往往暧昧不明。他们总是游走在"自我确认—驱除他者、确定性—不确定性、意识形态—真理、普世性—阶层性、肯定权力—

---

　　① 参诺贝特·埃利亚斯著，王佩莉、袁志英译：《文明的进程：文明的社会起源和心理起源的研究》（全两卷），生活·读书·新知三联书店 1998、1999 年版。

消解权力、自我肯定—自我分裂……"之间，以致从来没有站稳自己的脚跟，从来没有真正确立起人类精神的尺度，也就从来没有发挥出永恒不变的历史效用。①

　　合此文明史的与知识分子史的总体历史视野以反观中国的社会历史变动和知识分子精神变动的历程，可以看出，随着古代中国的亲统、政统和道统的持续解体与分化，作为道统之承担阶层的"知识分子"，其自身的命运和社会身份也经历了如下演进历程：从传统的士大夫阶层的兴起与衰落，到门阀之士的兴起与解体，到科举之士的兴起与废除，到新式教育制度下知识分子的兴起。在这一中国"知识分子史"的衍生过程中，如果说，传统的"士"阶层在其功能分化或角色分化过程之中，形成了所谓"道"与"势"、"士"与"民"、"礼"与"法"、"学"与"用"、"仕"与"隐"的二元性精神紧张；②那么，随着科举制的废除与现代学术分科制度的建立，这种二元性对立丧失了社会与文化的结构性地基。在现代学术分科制度下，传统的知识分子的精神理想没有发生根本改变，但是现实的存身处境却发生了根本的变迁。由此便导致了如下知识分子之生存境域的结构性重塑和重心倾斜：随着现代知识共同体边界范围的不断扩大和文化整合机制的不断细密化，知识分子的社会身份也就越来越边缘化，作为个体的知识分子力量也逐渐微型化。在这一日益微型化的过程中，作为知识分子群体中的核心部分，现代中国学人如何还能成为社会结构和价值秩序的枢纽，并完成自己的文化使命？

　　由是，作为一个现代中国学人，倘若仅只是领会到所谓现代中国学术精神的"真义"而没有领会到这真义的文明史限度，那么，很

---

① 齐格蒙·鲍曼著，洪涛译：《立法者与阐释者：论现代性、后现代性与知识分子》，上海人民出版社 2000 年版。

② 阎步克：《士大夫政治演生史稿》，北京大学出版社 1996 年版。

有可能，当他以为自己正谨慎地持守着自己的边界，以抗拒或顺应着某种道德标准及社会风习之转移升降的时候，由于历史语境的变迁，顿使这种抗拒或顺应丧失了对象，从而重心丧失，茫然四顾。

原本以为自己正为人类生存境域的重塑而处身于一场生死相依的搏斗之中，却不巧反过来被这一生存境域的结构性力量所重塑。在这种交互塑造的历史机制之中，一个学人当如何腹背迎战，才能在社会转型时期持守学术精神之正途？

或许，对于人类精神的求索来讲，从来就没有什么正途，相反倒是歧途重重。在这种歧路彷徨的历史境遇中，学人们若想将先贤们用了生命的代价来呵护成长的现代学术精神永远承传下去而不至于一再地沦落，除了像先贤那样随时保有对"古典"与"今事"的语境重构的能力——亦即透过学术精神变迁的历史看穿她在今天的处境，同时把握住人类精神变迁的某种终极归趋的张力结构，将是我们的唯一归属。

可惜的是，作为与学术精神反思紧密相关的话题之一，自20世纪90年代以来的"人文精神"讨论，由于一开始就陷入了"人文精神在原则上的普遍性与实践中的个体性"之类的"普遍/个别"式的粗陋辩证法和形式逻辑的樊篱，以及"形而上/形而下"的相对主义的二元论悖论，因而始终无法深入历史、领会精髓。至于那些持续已久的知识分子研究，由于一直缺乏一种长时段文明史的眼光，因而始终没有把握住社会分化与文化整合的互动机制，未能揭示"知识人"在现代全球历史变迁中自身社会身份的分化和角色变更的文明史内涵，以及在新一轮全球知识谱系的改写和文化整合过程中他们所应承担的历史使命和现实作用。而且这些研究在知识分子的语用学定义、百年知识分子的心路历程、有关知识分子的当代西方思想资源、知识分子与学院体制和"大众"社会的关系、重建知识分子"共同体"的"公共性"等"社会理论"层面的反思中，变得越来越"凉心"或"冷漠"。

由此来重温陈寅恪的《清华大学王观堂先生纪念碑铭》(1929),或许我们才能真正体会到现代中国学术精神的普遍匮乏及其沉痛:

> 士之读书治学,盖将以脱心志于俗谛之桎梏,真理因得以发扬。思想而不自由,毋宁死耳。斯古今仁圣所同殉之精义,夫岂庸鄙之敢望。先生以一死见其独立自由之意志,非所论于一人之恩怨,一姓之兴亡。呜呼!树兹石于讲舍,系哀思而不忘。表哲人之奇节,诉真宰之茫茫。来世不可知者也。先生之著述,或有时而不章。先生之学说,或有时而可商。惟此独立之精神,自由之思想,历千万祀,与天壤而同久,共三光而永光。①

也正因为如此,才警醒我们,必须从骨子里对任何一种有关人类精神走向的弥赛亚式的预言保持谨慎态度。非如是,不仅一种学术传统会趋于僵化,就是人类精神的演进自身,也会趋于末路。历史已在在地昭示了这一切,然而历史演变的"辩证法"本身,却又在在地将这一切隐没。

---

① 陈寅恪:《金明馆丛稿二编》,第246页。

# 附　　录

# "发现东方/重释中国"
## 作为一个当代难题

> 我们近代的世界观的形成全靠深入异邦文化的精神,只有罗盘针的发明才能够帮助我们到这种境界。
>
> ——亚可布《论东方对于西方文化之影响》

与文化仅是指一种已成之物的那种惯常理解相反,文化在很大程度上还意味着某种未来共同体。文化也不是通常所想象的那样天然地具有同一性,文化的内部充满着矛盾和斗争。因此,凡一种文化值将兴未兴之时,"为此文化所化之人,必感急迫,其表现此文化之程量愈宏,则其所感之急迫亦愈甚;迫既达极深之度,殆非憔悴忧劳以至成疾,无以求一己之心安而义尽也"。

文化之将兴未兴,"则此文化精神所凝聚之人"所操劳的首要问题当是:一、如何从对过去、现实的解读中为现在、未来的合法性寻求证成路径?二、如何从对他者的比较参照中获得自我形象的准确定位与重塑,并得到认同可能?——然谁也无法预测文化的未来命运,谁也无法调和一种文化内在的矛盾与斗争。因此,凡一种文化值将兴未兴之时,为此文化的前途而夙夜操劳的人,怎么会不感到急迫呢?

历经百余年来的劫烬巨变,当代中国文化正处于将兴未兴之时。因此,在当代中国学界,当定有不少"憔悴忧劳"之人,在忧心着究竟何为复兴中国文化的问题核心，以至于在阐释中国文化的现状、谋划中国文化的未来时，竟产生了某种话语冲突。这不足为奇，用现在的时髦话来说，这就是所谓"发现东方"①或"重释中国"的焦虑所至。

然"重释中国"仅仅是在当代才成为问题的吗？一种文化是否只有当处于将兴未兴之时才会遭遇到阐释自身的难题？如若答案是否定性的，那么，我们是否可以断言，文化重释或文化塑造从来就处于某种难题之中，当代的某种"重释中国"的焦虑只不过是这一难题的"当代"表现而已？

不过，就百余年来中国的现实语境来说，"重释中国"的焦虑尤其严重。因为，与以往时代相比，当代中国学界不仅要面对自身内部诸多阐释的矛盾与冲突；更现实的窘迫是，当代西方这一他者的强势文化对中国文化形象的成体制性的扭曲与丑化，竟内在地制约和主导了中国学界的自我理解和文化选择！如何从具体的研究领域和学术路数的突进中对此问题加以裁决，是每一个研究者必须面临的课题。此间的艰难，难于为外人所道也。

撇开具体的研究领域不论，当代中国学界"自我丑化"的惯常思路或逻辑，当有：经济的或文化的决定论、过去中心的保守主义、自我中心的民族主义，以及西方中心的东方主义话语分析等。而西方学界丑化中国的惯常思路或逻辑，则是某种已获普遍承认的欧洲中心的总体历史叙事的社会理论以及极其隐蔽的后殖民主义等。这些思路或逻辑无不与"东方与西方"、"民族与传统"、"现代性与中国性"这些关键词紧密联系在一起。因此，"重释中国"作为一个当代难题，是否与这些惯常思路或逻辑没有得到某种宏阔的综合治理或批判反省有关呢？是否存在着进行这种宏阔的综合

---

① 语出王岳川：《全球化与中国》，山东友谊出版社2002年版。

治理或批判反省的可能？① 如何才能建立"重释中国"的知识学地基，并谋划中国文化的真正复兴？

## 一、西方为什么要妖魔化中国？

　　中西方——扩大一点说，东西方彼此意识到有一个"他者"存在这一时刻一定很早，而且还很美好。比如，阿根廷作家博尔赫斯就曾读到过古罗马诗人尤维纳利斯的一首诗。在诗中，尤维纳利斯用了"在曙光和恒河的那边"这四个字②来描述一个遥远之地。在这四个字里，就有我们的东方。德语中有一个词，morgenland，清晨之地，也是指东方。而在《简明牛津词典》里，也有一个来源于拉丁文的词条：orient：东方；有光泽的、闪亮的、珍贵的；光芒四射，升起的、新生的；可以让人确定或找到方向的地方或严格界定的位置；使人认清形势；直接面对一个方向；决定一个人与周围环境的关系；面向东方。

　　西方人心目中的东方形象为一些事实所证明。据文献记载，中国的蚕丝被商人运到叙利亚织成透明的薄绸，公元 1 世纪时卖到了罗马，罗马的妇女穿上这种轻薄丝绸后简直惊呆了，以至于普

---

　　① 必须承认的是，在任何时代，在任何人的心目中，都"至少有两个中国，一个是肯定的，一个是否定的"；正如在任何时代，在任何人的心目中，都"至少有两个西方，一个是肯定的，一个是否定的"。只是，无论东方还是西方，面对他者心目中的"自我"形象，一般人总是易于接受那被美化的一面，而被丑化的另一面，接受起来总觉得有伤自尊心。然而无论美化也好，丑化也罢，事实上都包含着某种"误读"或"变形"，夸张一点说就是"妖魔化"。因此，如果说存在着某种对前述的有关思路进行综合治理或批判反省的可能，那么，承认这一点将是一个必要的前提。

　　② 这里指的是拉丁文。参博尔赫斯：《一千零一夜》一文，收入《博尔赫斯全集·散文卷(下)》，浙江文艺出版社 1999 年版，第 91—103 页。

林尼写到，穿着这种衣料，"没有哪个女人敢发誓她不是赤身露体"。① 又据考古发现，在美索不达米亚平原发现的一块公元3世纪的欧洲织物残片上面，有典型的中国汉代图案，这被认为是西方对中国艺术最早的直接模仿。至于13世纪的《马可·波罗游记》，更是直接"替欧洲人的心目中，创造了亚洲"，在文艺复兴时期产生了极大的影响。②

然而，就是这样一个东方，或者更准确地说，包含在这样一个"东方"形象之中的中国，怎么就成了被西方丑化的对象？

无法确切地追溯西方开始丑化中国的"起源"。迟至17世纪中叶，才发现有这方面的文献记载。帕斯卡（1623—1662）在他的手稿《思想录》中，屡次对中国的古老历史及其宗教提出质疑。他认为，如果圣经年表准确无误，那么，中国人的悠久渊源便纯属虚妄。③ 1688年，法国剧作家勒里亚尔（Regnard）为意大利喜剧演员写了一出题为《离婚》的喜剧。剧中，中国大使阿勒坎以滑稽可笑的腔调向伊萨贝拉宣布他的国君爱上了她。1692年，勒里亚尔又与迪弗雷尼（Dufresny）一起合写了一出剧本。因第二幕阿勒坎出场时扮成"中国博士"，该剧作取名《中国人》。而所谓的"中国博士"：只见他从一只放满奇形怪状饰品的"中国铺子"里出来，打扮得像一尊"大宝塔"，十足的丑八怪模样。④

1735年，杜赫德精选27位在华耶稣会士的报告而编撰成的《中华帝国通志》出版。孟德斯鸠（1689—1755）在书里读到了中国

---

① 参 M·苏立文著，陈瑞林译：《东西方美术的交流》，江苏美术出版社1998年版，第8页。

② 参朱谦之：《中国哲学对于欧洲的影响》，第一章第三节《马哥波罗游记》之影响，福建人民出版社1985年版，第15—26页。

③ 帕斯卡尔著，何兆武译：《思想录》，商务印书馆1985年版，第266页。

④ 罗歇·基什麦尔著，董纯译：《十七世纪法兰西作家心目中的中国》，载《国外文学》，1991年第2期，第116页。

官员在审理案件时使用棍棒的记载，便想当然地评论到："我不晓得，一个国家只能使用棍棒才能让人民做些事情，还能有什么荣誉可说呢？"由此他便断言："中国是一个专制国家，它的原则是恐怖。"①

不知是从那里找到的依据，使得狄德罗（1713—1784）认为，中国"这个民族既无高大的建筑，也没有美丽的雕像、更无诗歌、音乐、绘画、雄辩术……在那里，人们最懂品德，却最少付诸实践。那里多的是谎言、欺诈、盗窃，少的是荣誉、条理和细腻的感情……如果说世界上有一个毫无热情的民族，那便是中国人"。②

不仅法国有许多丑化中国的文献记载，在德国也是如此。因此，有鉴于这样的历史事实，使人们感兴趣的是，为什么会在17、18世纪之间，西方突然开始对中国进行大规模的丑化？

在维吉尔·毕诺看来，尽管西方与中国很早就有了一些零星的接触与了解，然而事实上，直到16世纪末，西方人"对中国的仰慕并未使他们产生'自我灌输中国的意识'的愿望"。③ 也就是说，尽管意识到有一个"中国他者"存在这一历史时刻很早，但直到很晚，这一"他者"的存在对西方人自己的存在来说并不重要，更没有自觉地、时时地"意识"到它的必要。

不过，从17世纪起，情况便迥然不同了。西方不仅开始感觉到"中国"这一他者的存在对自己来说很重要，而且还产生了急切地想要了解中国，了解它的存在、它的文化思想，并构造出一个有关它的完整形象的愿望。为什么呢？

---

① 孟德斯鸠著，张雁深译：《论法的精神》（上），商务印书馆1987年版，第127、129页。

② 转引自许明龙：《十七、十八世纪中国在法国的形象及其影响》，载中国现代文化学会主编：《东西方文化交融的道路与选择》，四川人民出版社1993年版，第158页。

③ 维吉尔·毕诺著，耿昇译：《中国对法国哲学思想形成的影响》，商务印书馆2000年版，第2页。

　　"为了具有'自我灌输'一个外国民族思想的愿望,似乎首先应该是自己在思想或感情上感到惴惴不安",而这种"惴惴不安"又足以使人对直到他那时为止所形成的文化传统的一切因素的合法性信仰发生动摇。"此外,还必须使这个外国民族恰恰在表现出这种惴惴不安的时候出现,以带来能满足自己需要和愿望的因素,虽然这些需要和愿望尚未出现和尚未被人意识到,但确确实实是很迫了。"①如是,问题便是,为什么从17世纪初起,西方开始感觉到某种"惴惴不安";而恰在这时,中国这一他者的存在又在某种程度上满足他们的某种愿望和需要?

　　14世纪以后,由于希腊世界的重现与东方文化的输入,为西方世界重新理解自我产生了物质上与文化上的基础与可能,从此,西方文化便重新开始繁荣起来,迅速地促进和激发了技术的进步、市民阶层的产生、自由研究精神的复苏和人们对幸福的世俗生活的向往。15世纪的环球航行使西方发现了通往东方的新途径,于是,出于追逐财富的欲望、好奇心的驱使,以及宗教传播的使命感和争夺势力范围的需要,西方大批商人、旅行家、传教士和外交使节便开始源源不断地涌向东方。在这些人的眼里,东方奇异的社会习俗和富庶的生活状况与西方形成了强烈的对照。而随着这些信息的大量传播和商品源源不断的输入,在17世纪初,某种"中国热"便终于在德法两国社会的各个阶层兴起了。②

　　传教士在东方的传教首先遭遇了是否遵从东方民族的社会习俗的尴尬。耶稣会士采取了灵活的传教策略。他们脱下了教士的长袍,穿上了土著的服装,遵从东方民族的礼仪,灵活自由地向东方人阐释《圣经》信仰。但他们的所作所为激起了以最纯洁的基督

---

　　①　维吉尔·毕诺著,耿昇译:《中国对法国哲学思想形成的影响》,第2页。

　　②　参朱谦之:《中国哲学对于欧洲的影响》"前论",福建人民出版社1985年版,第1—117页。

教义捍卫者自居的方济各会士和多明我会士的奋起反对,后者拒绝向不同民族的特殊性做任何灵活的让步,于是,在教会内部的不同宗教修会之间,某种激烈的矛盾和分歧便激化了。

就中国而言,"如何对中国实行福音化"的斗争牵涉如下分歧:一、究竟该如何看待中国人对孔子的尊崇、对死者的祭祀? 二、中国的历史到底是否真实? 三、究竟该如何阐释用于指称造物主的汉文名词? 就第一个问题而言,如果把中国人对孔子的尊崇和对死者的祭祀看成是偶像崇拜而禁绝中国信徒继续为之,势必引发中西之间剧烈的文化冲突,从而使传教事业受挫;而如果把它视为一般的文化习俗,允许中国信徒继续为之,则明显于基督教义不符。其次,如果中国的历史比基督纪元还早五百年,这岂不是说,《圣经》历史并非真正的人类起源? 该如何调和冲突的中西历史叙事? 第三,中国指称造物主的名词到底是有神论的还是无神论的? 如果是无神论的,是否还存在着传教的可能? 如有可能,基督降生之前的人是否信仰过惟一的上帝神,如果没有,又该如何拯救呢?①

出于各自不同的目的,大体上,耶稣会士对这些问题的回答多倾向于肯定,从而对中国语多美化;方济各会士和多明我会士则倾向于否定,从而对中国屡加贬斥。然而,由于这些问题无不牵涉到西方两千年以来的历史和文化的根本,无论如何回答,都有可能动摇西方人自己的信仰、文化和历史的根基——而这是西方历史上从未遭遇过的,因此,这场争论迅速引起了西方世界的广泛注意。1700 年 1 月 1 日,争论首次被提交到巴黎大学裁决即表明,最初由在华传教士引起的传教方法的论争已经演变成神学本体问题的论争,而中西礼仪的差异也不再仅仅是社会习俗的差异,它牵涉的

---

① 参维吉尔·毕诺著,耿昇译:《中国对法国哲学思想形成的影响》第一卷第一编,第 2—211 页。

是中西文化的根本。宗教问题转化为学术思想问题，中国这一他者的存在不仅深深地触动了西方人的神经，而且有可能极大地改变西方人对自我和他者的认识。

正是由于上述原因，在17世纪初，西方的某种自我灌输中国意识的愿望便产生了。在一百余年间长盛不衰的"中国热"中，在欧洲出版的有关中国的著述和译文多达二百余种。不同的人从不同的角度出发，竞相对西方和中国进行阐释。伏尔泰在中国那里看到了他的以德治国的政治理想的典范，从而对中国极尽美化之能事；孟德斯鸠为了验证他的三种政体论的有效性，从而削足适履地把中国斥为一种专制政体。他们既看到了中国的正面，也夸大了中国的负面。双方的争论所达到的激烈程度简直超出了人们的想象。① 然而不管怎样，论争的结果是对立双方都为自己找到了更为完备的论证理由来反驳对方，从而在不同的方面加深了对于中国的理解，促进了西方文化的创化。

接下来的历史众所皆知。到了19世纪，西方开始全方位优越于东方，于是，西方学者便再无兴趣美化中国了。赫尔德就把中国比作是一具周身涂有防腐香料的木乃伊，黑格尔则谴责中国为守旧落后的化身。不仅如此，他们还试图建立某种普世化的理论来对此加以解释。到了马克思和韦伯那里，某种总体历史叙事的社会理论便应运而生了。——在这些理论看来，哥仑布于1492年"发现"美洲大陆以及1498年达·伽马绕过好望角进入印度洋和太平洋水域，标志着世界历史发生了一次根本性的巨大断裂，世界历史从此进入了一个崭新的时代，这就是我们依然置身其中并称

---

① 博絮埃在他1670年出版的《世界通史》中，畅述了世界历史上所有的重大时代，以及各个帝国的更迭兴衰，而惟独对中国未置一词，故而遭到伏尔泰的嘲笑。克里斯蒂安·沃尔夫(曾是莱布尼茨的学生)在一次公开的演讲中赞颂了中国的自然神学，结果被限令于24小时之内离开他所执教的那个哈勒城，否则将被处以绞刑。

之为"现代"的那个时代。

"世界历史的断裂和质变同时在两个方面呈现出来：在时间性维度上标志着'现代'开始与'过去'或'传统'构成一组二元对立，在空间维度上标志着西方与世界其他地区之间存在着本质性差异：现代的、进步的、创新的、开放的西方对传统的、停滞的、保守的、封闭的东方。"①于是，西方对东方的丑化便开始学术化、体制化。这种学术化、体制化的看法逐渐以真理的名义成了东方人审视自我、重构历史的基本理论出发点。直到 20 世纪，人们才重新把中国当作文明古国看待，但也只是文明的"古"国，而不是文明的"国"。某种对当代中国的丑化尤其是政治生活的丑化更是变本加厉了。②

## 二、中国之所以可以被妖魔化的前提

"在我们看来，在一种文化向异域传播的过程中，包括美化和丑化在内的变形现象是不可避免的，因而是完全正常的。"③因为，文化的传播在客观上就存在着下述可能被妖魔化的前提：

首先，中国本身既存在着美好的一面，又存在阴暗面，这一事实给"妖魔化"提供了绝对可能；其次，接受者出于某种需要一般都会对外来文化作出某种取舍和加工改造，因而，西方思想家对中国形象的读解与塑造也会受自身思想学说及其文化理想的论证逻辑的内在制约与影响；第三，出于某种现实的目的或偏见，否定中国十七八世纪对西方的影响；第四，由于在国际政治关系领域中中国政治经

---

① 陈燕谷：《重构全球主义的世界图景》，载安德烈·贡德·弗兰克著，刘北成译：《白银资本——重视经济全球化中的东方》，中央编译出版社 2000 年版，第 1—11 页。

② 有关外国人眼中的中国形象，较详细的调查报告，可参沙莲香主编的《外国人看中国人 100 年》，山西教育出版社 1999 年版。

③ 许明龙：《十七、十八世纪中国在法国的形象及其影响》，第 158 页。

济文化的弱势地位，导致优越的西方可以随心所欲地对中国加以"变形"或"改造"；此外，传播媒介的限制所导致的信息不对称、知识欠缺，以及社会文化背景的差异也对彼此的理解造成了极大的影响。

基于这样的历史经验，有论者认为，随着东方尤其是东亚的崛起，随着亚洲—环太平洋地区经济文化的实力水平逐渐与西方趋向平衡，随着交通的发达和信息时代的到来，东西方文化的相互认识和相互作用必将进入第三时期。这第三时期将以如下特征为标识：一、民族独立和平等意识已日益成为全人类的共识，文化观念上陈腐的东方中心论和西方中心论也逐渐为人们所抛弃；二、作为文化载体的人员、物资和信息交流空前频繁，必将使彼此的接触空前深广，极大地克服过去由于空间和时间的阻隔以及认识手段的局限而产生的片面性、表面性甚至是荒诞的误解，从而使彼此对双方文化的认识更真切、更本质、更全面；三、东西方文化间的相互交流、认识和影响必将进入相对平衡的互补、互动和既多元化又具有一致性的辩证状态。①

然而，事情果真会这样吗？据媒介理论家 M・麦克卢汉的研究，情况恐怕不妙。因为，在麦克卢汉看来，与那种信息时代的到来意味着信息的全面获取、绝对对称的想象相反，信息时代的到来仅仅意味着人类文化的传播媒介的改变。在信息时代，由于文化传播的多媒介特征给人们带来奇妙的感知世界、塑造世界的方式，真实的世界与类象的世界、古典时代与虚拟时代将全部构成人们的感知真实。那时，人们将更加分辨不清何为真实、何为虚幻。

同时，信息时代知识的绝对膨胀所导致的结果，将使人与人之间，或东方与西方之间进一步陷入信息的绝对不对称状态，知识人

---

① 参张琢：《东方文化在世界现代化过程中的地位和作用》，载中国现代文化学会主编：《东西方文化交融的道路与选择》，四川人民出版社 1993 年版，第 131—132 页。

因此将从知识权力网的编织者沦落为知识体制的寄生者和被压榨者,知识王国的普世公民从此也将沦落为信息世界的部落采集者。这使得人们仍将感到知识的绝对贫乏,对世界的认识也不会因此就天然地更真实或更虚幻。①

东亚的崛起也并不必然带来东西方文化间相对平衡的互补、互动和既多元又一致的辩证状态,正如当初西方的崛起就并非如此。这样的论断不仅是经济决定论的,而更像18、19世纪西方的某些理性主义者和当今的某些全球化论者那样,在政治经济平衡发展的背后预设了一个同质的、透明的世界。因此,历史事实的考辨并不自然带来思想的真实,基于历史真实的借古鉴今的逻辑运作而对未来作出的论断更不见得就当然有效。无论中西学界,如何从理论层面揭示中国之所以可能被妖魔化的前提,仍然倍感困难。

不过,这并非表明,这一难题至今仍未进入中西学者的视界。事实上,自中西方彼此妖魔化伊始,②就激起了中西学界的严肃反

---

①　参 M·麦克卢汉著,何道宽译:《理解媒介——论人的延伸》,商务印书馆2000年版,第1—30页。

②　中国人对西方的丑化,以坚持"夷夏之防"、"非我族类、其心必异"的晚清时期最为剧烈。(参全汉昇:《明末清初反对西洋文化的言论》,载胡晓明、傅杰主编:《释中国》,第一卷,上海文艺出版社1998年,第104—116页。)到了19世纪末,社会上大抵仍以为西洋人只会做机器——尤其是自鸣钟——以至连留学生都没有了好名声:以为他们只会讲鬼子话,是二毛子,崇洋媚外、品行恶劣、不学无术,所以算不了"士"人。(参鲁迅:《关于翻译的通信》,《鲁迅全集》第四集,人民文学出版社1989年版,第380—381页;熊月之:《西学东渐与晚清社会》,上海人民出版社1994年版,第699页。)而随着西方形象在人们的心目中变得越来越"美化",留学生也连带地渐渐阔气起来,并获得了某种阐释中国的优先权,以至在今天又招来了本土学者所谓"洋泾浜学风"的讥评。(参刘东:《警惕人为的"洋泾浜学风"》,雷颐:《"洋泾浜学风"举凡》,崔之元:《反对"认识论特权":中国研究的世界视角》,甘阳:《谁是中国研究中的"我们"?》,载《二十一世纪》,香港中文大学·中国文化研究所1995年12月号,第4—25页;章清:《从历史看本土与"域外"的对话》,载《二十一世纪》,香港中文大学·中国文化研究所1996年4月号,第113—120页。)

思与批评。就西方思想界来说，较早开始对此问题有所意识的，有 20 世纪初的种种"欧洲精神危机论"；①其次当是在人类学社会学领域对西方地理、种族中心主义的反省；②第三则是在 20 世纪中叶以后兴起的解构哲学、③后现代理论、④后殖民主义理论对西方逻各斯中心主义、现代性霸权叙事和国际文化政治领域的不平等秩序的猛烈批评。这些批评才真正触及西方以真理的名义"妖魔化"中国的根本——即中国之所以被妖魔化，比前述"客观前提"复杂得多的原因，当是表面的东方中心论或西方中心论背后所隐藏的某种文化合法性的证成逻辑——囿于这套逻辑，任何阐释都有可能变形。其中，以后殖民理论在东方获得了最为广泛的理论效应。

---

①　指斯宾格勒和胡塞尔从不同角度对西方的技术中心主义和进化史观的批判。他们正确地指出了欧洲精神又重陷危机，并希望从危机中找到"直面事情本身"的拯救途径，但仍没有走出欧洲中心主义。参斯宾格勒著，齐世荣等译：《西方的没落》，商务印书馆 1991 年版；胡塞尔著，张庆熊译：《欧洲科学的危机和超验现象学》，上海译文出版社 1998 年版。

②　人类学社会学研究在田野调查中发现，从欧洲中心的立场总结出来的理论模式并不适宜于描述许多原始土著人的社群结构和历史，因此便开始着手对自己的理论模式的批判与反省。只是，他们的批判往往重新把东西方隔绝开来，从而必将陷入某种新的闭关自锁主义。参乔治·E·马尔库斯、米开尔·M·J·费彻尔著，王铭铭、蓝达居译：《作为文化批评的人类学——一个人文学科的实验时代》，生活·读书·新知三联书店 1998 年版。

③　解构主义以激烈的姿态批判了西方文化赖以建立的根本地基——在场形而上学、逻各斯中心主义、语音逻各斯中心主义、哲学宰视主义等，其锋芒所指，几乎无所不及。只可惜，德里达在中西学界都遭到普遍误解似乎已是不争的事实，更遑论创建性地思考由德里达的解构哲学所带来的积极意义。参 Jacques Derrida; Translated by Thomas Dutoit, *Aporias: Dying — Awaiting* (*One Another at*) *the* "*limits of truth*"; Stanford, Calif.; Stanford University Press, 1993; Richard Beardsworth, *Derrida & the Political*; London; Routledge, 1996。

④　利奥塔等人的后现代理论虽然为反思现代性问题提供了可资借鉴的理论资源，然而，由于问题的复杂性，"现代性"和"后现代性"问题的争论，无论在东方还是西方，至今仍很难对其下结论。

所谓后殖民主义,通俗一点说,就是依仗其军事政治经济文化的优势,以西方的价值标准来营构的一整套"审视"东方的霸权话语体系,这一套话语体系通过极其隐蔽的运作,最终成为东方人看待自我、看待世界、看待历史的标准。于是,所谓"东方"的一切,便在不知不觉间"变了形"。后殖民理论家看到了这一点,他们的批评在一定程度上就是试图以揭穿这些话语权力的圈套为鹄的。然而,这样的揭露是以东西方二元对立为前提的,它不但简化了东西方交往互动的复杂关系,而且还有再度加强这种二元对立的嫌疑。

其实,比后殖民主义理论更具有建树性的,是沃伦斯坦等人试图从总体历史叙事的重构角度来重新审视东西方历史的世界体系理论。而弗兰克的研究则又对世界体系理论提出了尖锐的批评。

在弗兰克看来,不管马克思和韦伯及其追随者的理论和解释模式有多大的分歧,它们仍有着共同的假设前提:资本主义标志着世界历史的断裂和质变;影响和决定整个世界命运的裂变是发生在欧洲内部并且是由欧洲社会内部的某些特殊性而诱发;欧洲是一个独立的社会实体,从而是一个合理的分析单位,也正因为此,在它内部发生的变化才会如此重要。

弗兰克认为,这三位一体的假设前提构成了全部现代历史研究和社会理论的马其诺防线。当代社会理论的任务,就是要突破这种欧洲中心主义的防线,看看它后面的真实世界,究竟是欧洲造就了世界,还是世界造就了欧洲。他追问:促使哥伦布和达·伽马航海探险的动力是什么?是发现通往"东方"的新航线,而不是开始建立东西方之间的关联。这恰好说明,早在 1492 年以前,东西方就已经存在于一个世界体系之中,正是这个体系的结构,才给予了西方人航海探险的动力。因此,欧洲不是一个独立的实体,世界体系内部的欧洲是和整个体系以及体系的其他部分密切相关的。

　　弗兰克的新著《白银资本》①以事实来证明了他的如下假设：

　　一、我们在其中生活的这同一个世界体系至少可以追溯到五千年以前；我们并没有生活在一个和五百年前的世界截然不同的"现代"世界体系里；二、永不休止的资本积累是贯穿于整个世界体系历史的竞争动力；本质上被理解为一种现代生产方式、生活方式和现代文明的资本主义实际上是不存在的，它只不过是一个编造出来的"欧洲中心主义神话"；三、世界体系的结构从来就是"中心—边缘"式的，只不过它的重心在不断转移，在18世纪工业革命以前，重心是在印度和中国；四、历史的演变是周期性的。

　　弗兰克用"真实的历史"来突破"欧洲中心论的社会理论"，有助于重构东方的历史形象，有助于人们对所谓"现代性"的重新理解与规划，但显然无助于人们对当代东方形象的塑造。按弗兰克的理论，我们只需等待世界体系的中心向东方转移就行了。

　　综上所论，尽管西方学者们已深入到了问题的核心，但他们的种种反思还存在诸多难题。能否在这些反思的基础上继续推进呢？是否存在着某种别样的逻辑，只要遵从了它，某种对中国的阐释就将不再变形？对此，中国学界有何反应？他们在哪些方面表现出了"自我妖魔化"的嫌疑，又在哪些方面作出了超越性的努力？

## 三、作为跨文化翻译的不可能性

　　事实上，自明末徐昌治集明末文人反对西化尤其是基督教的文字而订《圣朝破邪集》以来，中国知识界一直对西学东渐反应强烈。从一概反对到不得不有所接受，从"中学为体、西学为用"到"现实为体、历史为用"，从"全盘西化"到"现代化"，从"民

---

　　① 贡德·弗兰克著，刘北成译：《白银资本——重视经济全球化中的东方》，中央编译出版社2000年版。

主与科学的态度一致性"到"公平、正义与市场、发展的尖锐分歧",①其基本历程便反映出了几百年来中国知识界在面对西方这一他者时对双方关系和自我形象的艰难调适。晚近十年来,为了对抗西方的强势话语,其姿态最激进的当是沿着西方后殖民理论的揭露方式或"话语运作逻辑",在东方国家产生的"第三世界批评"。② 但中国的"第三世界批评"是否真正揭穿了西方妖魔化中国的逻辑呢?

赵毅衡认为,所谓中国的"第三世界批评",不过是在当代中国知识界翻卷起来一股新保守主义,对 80 年代文化精神高扬的清算、回归传统文化、自我唾弃精英地位或责任,转而认同民间俗文化是其基本表征。③

保守主义的兴起不足为奇,让人惊奇的是,中国知识界的新保守主义欲以本土文化来对抗后殖民主义,却居然从西方的激进思潮——即"后学"那里寻找理论根据,这恰中了西方后殖民主义理论的逻辑陷阱,更有追求某种集团价值取向的嫌疑。而所谓"后学","从好的方面说,是对后期资本主义的全球性胜利自觉地提出价值挑战,不妙的是它在'多元文化'的口号下为当代文化之巨降提供辩解,为美式俗文化开道"。总之,对于 90 年代的大陆知识界来说,"没有一个悲观主义者曾预言过这样一个乌托邦,这样一个无方向、无深度、无历史感的文化,这样一个俗文化的狂欢节"。④

---

① 参汪晖:《汪晖自选集》,广西师范大学出版社 1997 年版,第 306—340 页;《死火重温》,人民文学出版社 2000 年版,第 42—94 页。

② 有关"第三世界批评"的论争,可参阅《文艺研究》1990 年第 1 期、第 3 期、第 6 期,《读书》1990 年第 6 期、《电影艺术》1991 年第 1 期上的相关讨论。

③ 赵毅衡:《"后学"与中国新保守主义》,载《二十一世纪》,香港中文大学·中国文化研究所 1995 年 2 月号,第 4—16 页。

④ 海外中国学者的批评可谓一语中的。但不可否认的是,海外中国学者对大陆学术现状和社会现实的描述同样有着漫画化甚至丑化的嫌疑,而对西方现实(转下页)

不仅所谓后现代—后殖民话语的"第三世界批评"，当今汉语学界鱼贯而出的"社会科学本土化"论、"国学新潮"、"制度创新"论等，无不深陷于某种非中即西的"阐释"模式。"重释中国"在中国知识界这里，究竟遭遇了那些不可克服的障碍呢？

在我看来，汤用彤早在 20 年代的批评至今仍然恰切：

"时学之弊，曰浅，曰隘。"之所以如此，"其故在对于学问犹未深造，即中外文化之材料实未广搜精求。旧学毁弃，固无论矣。即现在时髦之西方文化，均仅取一偏，失其大体。……夫文化为全种全国人民精神上之所结合，研究者应统计全局，不宜偏置。在言者固以一己主张而有去取，在听者依一面之辞而不免盲从，此所以今日之受学者多流于固陋也"。①

事实确乎如此。百余年来中国学术思想界种种"主义"话语的不断更迭，不但没有有效地融通不同层面的旨趣和知识学，反而一再地拖延了把现实层面的"中西文化冲突问题"转化成真正的学术思想问题的时机，使得"重释中国"的理论地基至今仍然缺失。②

不过，与各种"主义"话语的倡导者有别，百余年来，知识界也出现了一批相当"超脱"的学者，他们基本上悬置了种种所谓的"文

---

(接上页)的描绘则过于溢美。这给了大陆批评家以口实并遭到了尖刻的反击。参张颐武：《阐释"中国"的焦虑》、《再说"阐释中国"的焦虑》，分别载《二十一世纪》，香港中文大学·中国文化研究所 1995 年 4 月号，第 128—135 页；1996 年 4 月号，第 121—126 页。然而，无论这些批评也好，反击也好，其内在的话语运作或知识生产的逻辑其实是一致的：即东方主义。差别仅在于，海外中国学者是从西方中心立场上来使用的，而大陆批评家则从跨文化语境中来使用而已。也就是说，他们都对批判西方的东方主义的"东方学话语"的理论建构缺乏反省。

　　① 汤用彤：《评近人之文化研究》，原载《学衡》第十二期，1922 年 12 月；收入《汤用彤全集》第五卷，河北人民出版社 2000 年版，第 273—276 页。

　　② 对此，刘小枫在《"中国问题"与社会理论的牵缠》一文中有不同的看法，可参阅。该文载《二十一世纪》，香港中文大学·中国文化研究所，1995 年 10 月号，第 36—37 页。

化讨论"的主义论争,却反而以他们在具体领域的研究实绩体现出了对"重释中国"之前提的深入反省。王国维有感于中国思想自秦统一以来,长期处于停滞与受动之间,至宋儒受动之时代而稍带能动之性质,旋即又陷于停滞,直至晚清以后第二佛教——西洋之思想又见告矣的历史,慨叹中国思想之难以重返能动时代,"外界之势力之影响于学术,岂不大哉!";又基于"知力人人之所同有,宇宙人生之问题,人人所不得解也。其有能解释此问题之一部分者,无论其出于本国或出于外国,其偿我知识上之要求而慰我怀疑之苦痛者,则一也"的哲理,从而得出结论说,"学术之所争,只有是非真伪之别","学术之发达,存于其独立而已","中国今日实无学之患,而非中学西学偏重之患","学无新旧、无中西、无有用无用"之别。陈寅恪有感于中国文化寄命之地的根本变迁,不待外来学术之冲击,其合法性地基即已自我崩溃,从而平身出入于地下之实物与纸上之遗文、异族之故书与吾国之旧籍、外来之观念与固有之材料之间,希求于不古不今之学中为文化合法性的重新论证找到基于历史法则又别有超越时间地域之理性的可能之途。[1]

在如此的学术路径的取向中,无疑,中国学术界已触及到了如下"重释中国"的根本前提:一、学术研究实乃一重建个体及民族精神寄命之地的事业,研究者当存一种"独立之精神,自由之思想";二、学无新旧、无中西、无有用无用;三、文化为全种全国人民精神上之所结合,别有超越时间地域之理性存焉,重释者不宜偏置,而应统计全局。

如是,对当代中国知识界而言,为了避免有意无意的"自我妖魔化",真正地建立起"重释中国"的理论地基,该如何为前述根本前提提供深切的哲学反省并付诸实践呢?

---

① 陈寅恪:《王静安先生遗书序》,见氏著《金明馆丛稿二编》,第248页。

就第一层面而言,鉴于已有论者把它斥为一种道德感召力,[①]故暂且把此问题留给"人文精神"的论者们以及学术思想史本身去论断。而第二层面由于内在地包含了自我与他者、历史与现实的复杂关系这两个问题,故只能分别论之:首先,究竟该如何裁决由东西方跨文化交往的复杂历史机制基础上衍生出的自我与他者之间的正当关系? 平心而论,中国思想界对这一问题的反省大多缺乏成效,由此并忽略了德里达的"文化交往难题论"的创见意义。在德里达看来,文化的建构是这样一个过程,它永远离不开对自己文化的输出——即他者对自己的接受、也离不开对他者文化的输入——即自己对他者的理解的交互运动。因此,无论东方还是西方,文化建构无时无刻无不处于一种跨文化交往的"翻译"状态之中。如何才能洞穿这一跨文化交往的"翻译"状态呢? 显然,正如普遍文字的设计一样,十七八世纪普遍理性的设计不但没有使问题得以澄清,相反倒证明了在场形而上学的、逻各斯中心主义的欧洲中心主义。然而,如果从反对这种普遍主义出发而张扬所谓的特殊性、差异性、本土性,无疑其论证方式又将陷入相对主义、怀疑主义的自我中心主义陷阱。如是,究竟该如何恰当地处理东西方跨文化交往这一难题呢?

首先,何谓难题? 在希腊语中,"难题(aporia)"[②]一词来源于"疑难(aporos)",本来意味着没有出口、不能通过、死胡同,与"边界"、"界限"、"极限"相关,引申为解决困难时本身所具有的矛盾、

---

① 张颐武:《阐释"中国"的焦虑》,载《二十一世纪》,1995 年 4 月号,第 128—135 页。

② 《西方哲学英汉对照词典》一书把这一词译为"迷阵",参尼古拉斯·布宁、余纪元编著:《西方哲学英汉对照词典》,人民出版社 2001 年版,第 62 页。在此,根据德里达的上下文语境,我认同王欣的做法,把它译为"难题"。参高桥哲哉著,王欣译,卞崇道校:《德里达:解构》,河北教育出版社 2001 年版,第 283、294 页。

为难这样一种状态。① 因此,在《难题》(1992 年)②一文中,德里达一上来就开始追问:"一个人如何能穿越真理的边界?"

在德里达看来,就其本身而言,"真理的界限"可以理解为:真理不是一切,真理就是有限;或者更糟:真理就是终结。然而,同样的表达也可意味着:真理的界限是无法越出的边界。无论怎样,这两种情况都保留了某种只要真理是限定的,就不能视作不可能的边境交接点:只要真理是一个界限或它拥有界限,那么,真理就将既是终结什么又是确定什么的某种关联。

拿文化的边界来说,如果对一种文化的"翻译"既是对该文化的边界的跨越、又是对该文化的边界的确定之间的某种关联,那么,我们该如何拥有并享有我们文化的财产及其恰当的存在? 或者说,我们实际上拥有什么样的文化财产及其存在?

首先,由于"文化的翻译"总是意味着一种他者语言的到来,因此,翻译就有了一种绝对的困难。这一绝对的困难表明,如果对一种文化的边界的跨越是不可能的,那么,翻译就根本不可能;如果对一种文化的边界的跨越可能,那么,这也仅只是在他者语言的内部的可能。然而翻译事实上又是存在的,因此,翻译是一联合体。对于这一联合体,我们可以分别作出既共享又相互分离的不同陈述:翻译没有边界;翻译就是边界;翻译可以被归结为一条分离的、离别的、行走的跨越线;翻译是对边界的侵入、跨越、越境。于是,对于所有边界的跨越来说,无论是语言的边界,抑或是生命的、真理的、民族的、自然的、历史的、政治的、地理的、血缘的、社会阶

---

①　由古希腊的"aporia"到德里达的"aporia",经过了漫长的解构过程。拙著《解构的难题:德里达再研究》(人民出版社 2013 年版)对此有详尽的讨论,感兴趣者可参阅。

②　*Aporias: Dying — Awaiting (One Another at) the "Limits of Truth"*; Jacques Derrida; translated by Thomas Dutoit, Stanford, Calif.: Stanford University Press, 1993.

层的边界，都可以断言，它们无不陷入了某种"跨/不跨"的"混交－污染"状态。①

这种"跨/不跨"的"混交－污染"状态意味着什么呢？它意味着，一旦这些整体过于确定，或过于脏污，由于"跨/不跨"这一事实，那么，它们反过来就将彻底不再是它们之所是或一个人所想往的它们之所是，也就是说，它们就将不再具有身份同一性，扩而言之，它们自身就将再也无法确定自己。如此，整体就不再能作出有关整体中的部分的简单结论。这样，"跨/不跨"这种状态就使我们走上了"越出"（界限）之途、"穿越"（界限）之途。这是不可能的，没有人能做到并证实这一点，因此，我们事实上走上的，就永远是一条"难题"之途："困难的、无法实践的、因而不可能的旅途，拒绝的、否定的、或禁止的旅途，实际上即没有旅途的旅途"。② 这一"没有旅途的旅途"，也就是"不再具有'跨/不跨'的明显形式的"，但又是"即将来临的跨越"的旅途；"简言之，没有'跨/不跨'的即将来临"的旅途。

这就是所谓的"文化交往难题"的"本质结构"。在不同的上下文语境中，它被德里达分别表示为"反论"、"自相矛盾"、"双重约定"、"不可能的可能性"等。③ 它揭示了东西方在跨文化交往的过程中理解他者及理解自我时所处的本体处境。这一本体处境就

---

① *Aporias: Dying — Awaiting (One Another at) the "Limits of Truth"*; Jacques Derrida；translated by Thomas Dutoit，Stanford，Calif.：Stanford University Press，1993，pp. 1 – 11。

② *Aporias: Dying — Awaiting (One Another at) the "Limits of Truth"*; Jacques Derrida；translated by Thomas Dutoit，Stanford，Calif.：Stanford University Press，1993，p. 8。

③ 如果嫌德里达的论述过于思辨抽象，下述著作则提供了具体生动的历史叙述：张广达：《唐代的中外文化汇聚和晚清的中西文化冲突》，张维华：《明清间中西思想之冲突与影响》，见胡晓明、傅杰主编：《释中国》第一卷，第 76—103、117—128 页；维吉尔·毕诺著，耿昇译：《中国对法国哲学思想形成的影响》，商务印书馆 2000 年版。

是,自我与他者的关系永远处在一种难题中,自我与他者的正当关系因而也将永远是一难题。①

## 四、在他者的参照中理解自我的有限性

如果说东西跨文化交往——即东西方互相对自我和他者的阐释与理解本身是一个难题,那么,古今跨历史的运动的真实情形又是一番什么样子呢?

本尼迪克特·安德森在《想象的共同体》一书中详尽地讨论了历史对于现实的意义。在他看来,"民族"并不是一些客观语言特征、思维习惯、心理素质的自然总和,而是一种"想象性的政治群体"。"民族从极遥远的往昔中浮现出来……并滑入无尽的未来。"②民族必须通过某种对往昔过去的再现才能获得其目前存在的形态,这就是"历史"对于现时社群的群体意识、群体自我认识、

①　在此意义上,王岳川在《中国镜像——90 年代文化研究》一书中"以'文化研究'的思维范式作为出发点,从公共空间和个体伦理入手,将现代性和后现代性作为一种当代'文化镜像'分析视角,去审理 90 年代中的文化症候和思想景观"而提出的"中国镜像"论,便可谓在一定层面上把握住了在当代阐释中国的关节。所谓"镜像",当然借鉴的是拉康的概念。而"中国镜像"论的提出,在论者看来,它至少包含了如下三层内涵:一、当代中国正处于"虽然展开了主体形成的前景,却并未使'主体'真正出现"的"镜像"阶段;二、迄今为止,无论是西方学术界对中国的读解,还是中国学术界对自身的阐释,对中国而言,无不可视为某种"他者化"的或"自我他者化"的"镜像"生产;三、没有了这些"他者"的对照,所谓"自我"的生产就只不过是一个不真实的自我幻想或巨型想象,因此,对当代中国的自我社会文化身份的认知与塑造而言,就不可能停留于单一的层面,而只能将自己置身于全球化浪潮之"镜"中对自我加以多重反观。尽管这样的反观会带来被他者"同化"甚至"异化"的内在紧张,但如果逃避这样的紧张,无疑便自我拒绝了"把文化的对抗转化为创造性的竞争"的可能路径,如何还能谋划"中国形象"的真正未来?参王岳川:《中国镜像——90 年代文化研究》,中央编译出版社 2001 年版。

②　参本尼迪克特·安德森 Benedict Anderson, *Imagined Communities: Reflections on the Origin and Spread of Nationalism*, London: Verso, 1983, p. 19.

自我规定,乃至自我改革的关键意义。

但是,问题不是要关心历史对于现实的意义,问题是,历史要通过什么样的运作机制——或者说,究竟应该如何理解历史,其意义才能在当代恰当地体现出来?阐释学本想解决这一问题。但正如哈贝马斯所说,阐释学在认识论领域成功地走出了主客对立的模式之后,在历史阐释领域又重新陷了进去。① 因此,相对来讲,林毓生于 60 年代末提出的"传统的创造性转化"论更加值得认真讨论。②

"传统的创造性转化"这一命题,涉及如下问题:一、究竟何谓传统? 二、传统究竟能否创造性地转化? 三、到底要把传统"创造性"地转化成什么样子?③ 因此,自该论一介绍到大陆,便引起了大陆学界持久热情的讨论。刘东在《"创造性转化"的范围与限制》④一文中,首先肯定了这一解释框架的普遍有效性,但他接着追问,"创造性转化"是一种人为策划的总体社会工程呢,还是人类共同体的自然进化过程? 如果根据经验主义"并不相信任何个人之有限理性活动的结果,会优越于整体人类不断试错成就的历代积累"的精义,那么,"创造性转化"就不应该是以某种人为策划的

---

① 参哈贝马斯著,郭官义、李黎等译:《认识与旨趣》,第二章第八节,学林出版社1999 年版,第 153—177 页。

② 参林毓生:《传统的创造性转化》,生活·读书·新知三联书店 1988 年版;林毓生:《"创造性转化"的再思与再认》,载王元化主编:《学术集林》第六卷,上海远东出版社 1995 年版,第 191—222 页。

③ 依林毓生的理解,"创造性转化"是指,使用多元的思考方式,将一些中国传统中的符号、思想、价值与行为模式选择出来,加以重组与/或改造,变成有利于革新的资源并获得新的认同,从而理顺传统与变革之间的复杂关系。因此,它意味着既与严格拒斥传统中腐朽与恶毒的成分相对,也与"五四"以来在中国占主流地位的全盘性反传统主义相对,还与港台新儒家所谓从传统中"开出"民主与科学有别。它是一个开放的过程——对中国传统与西方,两面均予开放的过程。

④ 载《二十一世纪》,香港中文大学·中国文化研究所 1995 年 8 月号,第 139—142 页。

总体社会工程来取代人类共同体的自然进化过程。

同时，如果沿着"创造性转化"这一理论范式的参照坐标究竟是"传统—现代"还是"中国—西方"的追问逻辑，我们还应警惕"创造性转化"这一命题的"西方中心的现代化"的价值论预设。因此，尽管林毓生反复申辩，"创造性转化"并不是一个蓝图，而是一个导向，但考虑到他又作了"不是任何传统因素的重组或改造都是'创造性转化'，只有那些既有利于自由与民主制度的建设和文化与思想的发展，又不丧失它们的纯正性因素的转化才是'创造性转化'"这样的限定，就不能不承认前述批评自有其道理。

事实上，不管对"创造性转化"这一命题作出多少严格的限定，这一命题都先天地缺乏对究竟何为"传统"与"现代"的真正关系的哲学反省。因此，在我看来，需要重新解读鲁迅的"历史中间物"论。

在《写在〈坟〉后面》一文中，鲁迅以为，"一切事物，在转变中，是总有多少中间物的"，"或者简直可以说，在进化的链子上，一切都是中间物"。"以文字论，就不必更在旧书里讨生活，却将活人的唇舌作为源泉，使文章更加接近语言，更加有生气"。为什么？因为一切事物必有变迁，而凡有变迁，便有新生事物。因此，语言文字必有变迁，而变迁便有新生事物，这新生事物就是白话，是异端，是改革道上的桥梁，在进化。

为什么说白话是新生事物，是异端，是改革道上的桥梁，在进化呢？因为，白话代表自然的声音，代表大多数，代表将来，代表子孙的时代；反之，文言代表人为，代表少数，代表过去，代表祖先。如是，在《汉字和拉丁化》一文中，鲁迅指出，尽管汉字作为书写历史的媒介，是古代传下来的宝贝，在古代中国具有神秘性、特权性和尊严性，但若文字脱离了大众，中国便等于没有文字了。没有了文字，如何书写历史？何况"我们的祖先，比汉字还要古，所以我们更是古代传下来的宝贝。为汉字而牺牲我们，还是为我们而牺牲汉字呢？这是只要还没有丧心病狂的人，都能够马上回答的"。因此，必须提倡白话（拉丁化），反对文言。提倡文言，反对白话（拉丁化），即屠杀自然、屠杀大多数、屠杀现在、屠杀未来。

撇开"汉字拉丁化"之类的激进论断，鲁迅提出"历史中间物"论，其直接目的是为白话文的兴起提供合法性论据的，怎么就体现出了对"传统"与"现代"的真正关系的哲学反省呢？

首先，在"五四"一代学人中，能指出变迁了的历史和变化了的生命意义需要以变迁了的语言来言说、命名和表达，从而把现代汉语的兴起视为中国文化思想史上的一个重要事件，而不仅仅把它视为一种工具变革的，恐怕只有鲁迅等少数几人。因此，鲁迅的"历史中间物"论就不仅切入了对沟通"传统"与"现代"之媒介的哲学反省，而且还切入了对人类生存状况的本体反思。其次，在这样的本体反思之中，历史之时间性难题被鲁迅以不断衍化的"中间物"加以直观性的裁决，从而标明了中国现代思想对存在之"踪迹性"的反思深度。第三，鲁迅对"现在"之当下本体的突出强调，揭示了当下之历史主体与过去、未来主体的辩证关联：即当下之主体存在的意义与文化的创化取决于当下之主体与他的创造媒质（过去、现实、未来）之对话。因此，在我看来，鲁迅之"历史中间物"论敞开了"阐释中国"作为一个当代难题在"传统"与"现代"之关系维度方面的入思可能，也敞开了人类历史之过去、现在、未来的时间性难题的入思可能。

综上所论，如果说，无论是对他者（的历史）的关注，还是对他者对自我（的历史）的阐释的关注，无不都是一种跨越边界、跨越时间的难题；而这一难题又需要一代又一代的历史主体深入其中，对之作出恰当的反省与对话，文化的传承与创化才有可能，那么，我们是否可以得出结论说：以一种内在地充满着矛盾与斗争的眼光去审视内在地充满着矛盾与斗争的历史、现实与未来；以自身内在地充满着矛盾与斗争的思想去读解内在地充满着矛盾与斗争的他者的世界。这就是当代在全球范围内所遭遇到的重释世界的彻底的难题,更是当代中国学术思想界在重释东方与西方、现代性与中国性之间复杂关系的难题。如何深入这一难题,并在难题中生发出一种不可能的可能性路径呢?

弗兰克雄心勃勃的目标是超越任何种族中心主义,建构一种真正整体论的、普遍的、全球性的世界历史和社会理论。德里达的文化交往难题论则为梳理"世界历史的更为复杂的互动关系"提供了理论的依据。鲁迅的"历史中间物意识"则进一步为当下的"历史主体"提供了一种面对历史、面对现实、面对未来的自我历史定位。无法说这些理论已穷尽了人类以往的智慧成果,也无法说它们已清楚明白地告诉了我们最好的现实路径。但它们无疑已足够地给予我们如下的启迪:

打破各种中心主义及线性时间性叙事,在跨文化交流作为难题论的意义上重构全球历史的世界体系理论;[1]在历史中间物的意义上重构古今间性沟通的"中国问题"意识;在自我有限性前提下重新论证文化的合法性地基并重新塑造自我的未来形象——这恐怕就是学术思想界在面对"重释中国"这一当代难题时应做出的现实选择。

如何给这一"现实选择"一个可能的命名? 在我看来,那就是:"在某种自我有限性论证前提上的话语间性沟通论"、"在特定时代的极限生存空间下的文化效应论"。

如何对这一命名加以解释呢? 在此,审视一下季羡林独标一格的"议论"观,或许别有一番趣味。

---

① 许倬云在《中国史与世界史的结合》一文中已对"长期以来,中国史是一个独立的领域,独立于世界史之外"、"中国学校的历史教学,将中国史与世界史划分为两个互不关涉的范畴"这一现象提出了批评;并希望以各种因素为着眼点,"组织一部新的世界史,将中国以及其他地区的历史,有机地结合为一个完整的故事"。参《二十一世纪》,香港中文大学·中国文化研究所 1995 年 10 月号,第 34—35 页。

诚然"21世纪：中国文化的世纪"这样的论断遭到了诸多的批评，但在《〈东西文化议论集〉序》一文中，季先生有这样一段补充论证：

> 　　我认为，在21世纪这一块匾还没有挂出来之前，我们每个人都只能是一个猜匾的近视眼……因此，我认为居今日而猜测21世纪东西文化的关系，以及东方文化在下一个世纪所占的地位，不是一个理论问题，而是一个将由历史的发展进程来证明的事情……但是，我并非根本反对议论，我是赞成议论的。
>
> 　　细心的读者或许已经注意到，我在上面屡屡使用"议论"这个词儿，而不用"讨论"一类的词儿。"议论"，不是"讨论"，更不是"争论"，只是"议"一议，"论"一论而已，与人无争，与世无忤，发挥一下自己的想法，至于别人如何看待，"只等秋风过耳边"了……从目前情况看起来，这"议论"还会继续下去。①

　　也许论者不认同把问题推诸历史的做法，但是，细心审察季先生的论述，其"议论"观却极富启示意义：也就是说，居今这个多元话语对峙，多重历史语境冲突，言说（讨论、对话）已根本不可能的时代，仍得独自"言说"（议论），乃是因为某种言说的本源性地基使然。这种"本源性地基"是指：自我之言说之所以可能，乃是以他者之言说的存在为前提。自我之言说与他者之言说在彼此的比较与去蔽中相互昭示对方进而昭示自身——即交互发生。自我与他者存在着某种间性。作为事实所指的"现代性、东方、中国"与作为文化自我合法性论证所构想出的"现代性、东方、中国"之间存在着

---

　　① 季羡林：《〈东西文化议论集〉序》，载季羡林、张光璘编：《东西文化议论集》，经济日报出版社1997年版，第15—18页。

某种间性。自我之言说成为言说,重释中国之所以可能,乃是根源于这种"话语间性"的地基。

如果把中国之存在也视为一种言说质态,那么,自我之言说质态的存在便根源于"话语间性"之存在。于是,处于多元话语对峙与多重历史语境并置中的中国,只要"我"言说,某种"话语间性"的存在就已在先地标明了我的存在。"我"之言说所抵达的高度,以"我"对这种"话语间性"所领悟到的——同时也是这种"话语间性"向"我"所敞示出的(即交互发生出的)高度为标准。这种"话语间性"向自我与他者的自身所示和自我与他者对这一"话语间性"的差异领悟使彼此共同抵达某一原初视阈:即间性视阈——此即"话语间性沟通"的内涵。

因此,居今这个时代,希望跳出多重历史语境中的多重自我与多重他者的对峙冲突,从外界来观察言说中国,这是根本不可能的。只能沿着反思,由此回溯到某种原初视阈——即"间性存在"的视阈——来审察自我,审察总体的生活世界,才有希望从根本上挽回重释中国的可能,使我们领悟到自我/他者、历史中的自我/他者在何种意义上共同在世。

"西方国家历史上的一个重大事件就是发现了东方。更准确地说,可称为一种东方意识,它是连续的,可与希腊历史中波斯的存在相比较。"①东方国家的历史更是如此。以至于如今无论是从地理上还是从内在意识的角度来确定,东方的一部分已属于西方,西方的一部分也同样如此。然而,直到今天,无论是西方人的东方意识,还是东方人的西方意识,仍然是那么笼统、呆板、宏大而不可思议,以至于重新"发现西方"或重新"发现东方"仍是我们必须着手加以解决的急迫问题——而对当代中国学术思想界而言,"发现东方"则尤为急迫。

———————————

① 博尔赫斯:《一千零一夜》,收入《博尔赫斯全集·散文卷》(下),第91页。

所谓"发现东方"，就是重新阐释西方与东方、西方与中国、他者与自我、传统与现代、历史与未来的正当关系及其构成这一关系的复杂的历史机制。在策略上，它不仅包含"拿来主义"的文化输入，而且还包含"送去主义"（季羡林语）的文化输出。在理论上，它离不开这样一个前提，即对他者和自我的"总体"历史与现实的真切认知。而这一认知的可能性作为一个难题，它使我们在今天无论是论证他者存在的合法性、还是论证自我存在的合法性，都必须走出任何完美中心主义的论证逻辑，并意识到话语间性沟通的本体处境。——在我看来，这就是许多当代学者把眼光转向中西文化关系以及论者提出"发现东方"的意义：它不仅在现实的层面上意味着对百余年来我们只重文化输入忽略文化输出的文化策略的深刻反省，从而成功地扭转了一种"向西"视野；更重要的是，它意味着当代中国学者在经过了百余年的重释中国的焦虑之后，已经具有了摆脱现有的各种理论模式的勇气和信心，发现新的理论向度，自主地解读中国。尽管这些新的理论向度至今仍是个难题，但正是这些难题存在的深度与广度，标明了建立"重释中国"的知识学地基这一难题的深广可能。

总之，"重释中国"作为一个当代难题并非意味着阐释的终结，相反，它意味着一个无尽敞开着的可能。因此，所有那些有关中国的阐释权的争论都不过是些虚假的伪命题。关键问题不在于谁有权阐释中国，问题的关键在于谁打开了阐释中国的新维度。谁敞开了它的新维度，谁就在新的语境下"发现"了东方、发现了"中国"。

# 对话：关于中国文史传统的重释

## 一、关于中国文史研究的学术自省

**戴登云**：小盾教授您好！在正式开始我们的访谈之前，我想说几句与我们的访谈题旨并非无关的题外话。最初我以为，我与您的学科背景、年龄与身份如此悬殊，是根本没有可能相遇在一起并相交往的。但是，当各种因缘使我们成了"近邻"时（我们虽不在一个单位工作，但住所的距离却相隔不过1千米），我便隐隐地感觉到，或许，我们的学术思想也将具有某种"秘响旁通"的可能。

为了将这个意思说得更清楚一点，我不妨罗列一下我们的难以"沟通"之处。首先，在外人眼里，您的研究领域是所谓古代中国的文史，而我的研究领域，至少到目前为止，还局限在德里达思想这一个案之中。其次，通常以为，您的研究方法是经验的、考据的、历史的、科学的和文化人类学的；而我的研究方法，则是理论的、文本分析的和逻辑思辨的。而后者在某种意义上正是您所反对的。从这样一个角度讲，如果说，在我们之间存在着"沟通"甚至"相互生发"的可能的话，我以为，那一定是很有意味的。

当然，这么说并不意味着我们的对话毫无"中介"和"前提"。事实上，为了厘清现代中国的西学研究的历史语境、基本属性、方法路径和思想史层面上的问题谱系，在着手德里达研究之时，我还清理了现代中国学术的"传统"及其内在困境。在做这样的清理时，我有一个令人沮丧的发现，那就是，不管是现代中国学术史上的名家宿儒也好，还是当今学界专事学术史研究的专家学者也罢，对"究竟什么是（现代）学术？究竟什么是（现代中国的）学术史？究竟什么是（现代的或古代的）学术传统？"等问题，其实是缺乏一个自明性的认识的。不仅缺乏一个自明性的认识如此，有的观点甚至混乱得令人匪夷所思。由此我想到一个问题，那就是，在现代中国学术的语境中，为什么那些专事学术研究的人，对"究竟什么是学术、学术史、学术传统？"这样的基础性问题，竟然缺乏一个自明性的反思和认识呢？

我百思不得其解。因此之故，我自然地想到，能不能请您为我解惑呢？您是如何看待现有的各种有关"学术"、"学术史"和"学术传统"的见解的？

在您的心目中，什么才是真正的（现代）"学术"？什么才是真正的（现代）"学术史"？什么又是真正的（现代）"学术传统"？

进而，当我们带着这样的观念去审视古代中国的文史传统时，我们该如何看待这些观念本身的合法性和有效性呢？究竟该如何给予现代中国的古代中国文史传统研究一个恰当的命名？

**王小盾**：你说的对，我们的学术出身很不相同，思考习惯必然有很大差异。不过，我们面对真理的态度是一样的。因此，我打算直截了当地同你争辩，以便彼此都在思想上受益。

首先我要说：你提了两个很有意思的问题，特别是前一个问题，关于学术自明性的问题。它提醒我们去注意西方学者的理论自觉，进而建立自己的理论自觉。依你看，根据西方学者的经验，这一自觉是不是应该包含以下内容？

（一）了解自己所从事的学术工作的基础，比如，这些工作同古代传统或其他传统的关联；

（二）了解这些工作在学说体系上的属性，也就是它同更大的学术系统的关联；

（三）了解自己所使用的思想工具的有效性，注意反省构成自己的学术表述的那些概念是否合理；

（四）了解这些工作的局限，比如，进入研究的时候，能够通过反思，一步一步地扩大获取信息的渠道，以便最大限度地反映对象事物所置身的那个世界；

（五）了解认识和真相之间的距离，也就是在追求确定性的过程中，了解这一追求的不可避免的不确定性；

（六）了解学术工作的意义，了解它对于人的完善（包含自我完善）的意义。

一个合格的研究者，的确应该具备以上自觉。

如果你同意我对学术自觉的以上概括，那么我认为，你那个"令人沮丧的发现"就是过于悲观的。因为中国学者未必不具备对于学术的自明性的认识。举一个简单的例子：研究生教育有一个"开题报告"的环节，用来培养研究生自我质询的能力，联系学术史来做学术选择的能力，以及考察研究方法之可靠性和可行性的能力。可以说，对于上述意义，大部分当事人及其指导教师并不自觉；但是，剩下的少部分人，却应该是明确上述意义的。后面一种人，他们的共同的认识基础，就是你所说的学术自明性。

"开题报告"是一种来自西方的教学方式。因此可以说，同西方学者相比，中国学者在学术自觉方面不够成熟。这意味着，你的问题是有价值的。

不过，对于你提的有关"学术"、"学术史"和"学术传统"的问题，我却有一些不同意见。我觉得这些问题太大，不容易解答。因为，最大的概念是很难定义的，比如我们很难定义什么是"物理"、什么是"化学"、什么是"文化"、什么是"文学"。面对这种问题，我倾向于把它们分解成小问题，或从不同侧面来进行描写，而划分侧面的标准是问题背后隐藏的实践目的。比如我曾经对"文学"一词作了如下解释：

> 文学是什么？从音乐学角度看，可以说是一种语言艺术；从民族学角度看，可以说是一定文化共同体的生活技术和交际手段；从考古学角度看，可以说是以器物为载体的思想和感情；从科技史角度看，可以说是随记录手段、传播手段而变化的审美过程；而从交通史的角度看，则可以说是依赖文化交流而得以更新的娱乐风尚。每一个角度都可以展现一组关系，暴露文学的某种本质，从而启发一种研究方式。（《〈中国早期艺术与宗教〉后记》）

这个解释是从研究实践提出来的，它意味着对于文学的一系列跨学科研究。由此看来，它是有现实意义的。我又曾对"文化"一词作过如下解释：

> 文化反映人同自然物的关系，或者说，文化是人对自然环境相适应的方式。在这一适应过程中，产生了工具这个人和自然的媒介。工具是客观的，因为它来自自然物，外在于人；但又是主观的，因为它实际上是人体某个器官的延长。工具的意义在于，它会使文化逐渐类型化，它于是成为文化的标志。由于以上道理，我们可以通过存在的环境来说明事物，通过物质表现来解释精神，通过工具来研究文学和艺术。（尚丽新《〈乐府诗集版本研究〉序》）

这个解释同样是从学术实践出发的。大家都知道，关于"文化"有几百个定义。以上这个解释的特殊性在于，它重视从形式或物质表现方面来观察和定义文化，因而有助于对文化事物进行历史研究，也就是把媒介作为抓手来进行研究。20世纪90年代初，在学界、文化界热烈讨论中国文化精神特质一类问题的时候，我想改变那种以偏概全的讨论方式，于是设计了一项研究课题——"工具形态与中国文学艺术的民族性格"。尽管这一课题未获批准，但我相信，它真能解答"中国文学艺术的民族性格如何"的问题，进而解答"中国文化的精神是什么"的问题，因为它可以采用实证的方法——例如对各种艺术工具进行考据的方法——来解答，而不像通常人所做的那样只作逻辑推定。

以上说的这些话，和你引用过的一句话——"研究的动力必定不是来自各种哲学，而是来自实事与问题"——精神是一致的，有共同的倾向。中国传统学术的精髓正是这种倾向。你听说过这样两句话吗？一句说"但开风气不为师"，另一句说"暗把金针度于人"。这两句话的意思都是：主张通过学术实践、而不是通过理论标榜，来推进学术，开辟学术新路。

所以，当你对中国学者进行批评的时候，一定要观察他们的学术实践，而不是他们的哲学理论。

另外还有一个问题是观察事物的角度问题。2004年，在韩国汉阳大学中文系四年级讲汉语课的时候，我曾经提出一个问题让韩国学生回答。我问的正是："学术"是什么？第一位同学回答说："学术"就是研究地学习，每个人懂一点，不一定懂得多，但要懂的深。第二位同学回答说："学术"就是不仅知道怎么样，而且知道为什么。第三位同学回答说："学术"就是学习那些看起来没有什么用的东西。这些回答好不好呢？我看好极了，因为它们从大学生的角度对"学术"作了中肯的理解。这些理解指出了学术同一般意义上的"学习"的区别，也就是肯定了学术所特有的社会性、创造性和超越性——学术不再是个人的事情，而意味着一种社会关系；不再是模仿和知识再现，而是寻找新知识，建立对于事物本质的认识；它的目的不是让人成为"有用的"工具，而是要推进独立思考，推进面向自由的、不断完善自己的教育。不过我知道，如果我也这样回答"学术是什么"的问题，你不会满意，因为你有一个暗藏的目的——你想指导学术史研究，你是从哲学出发来提问题的。

总之，在回答你的问题之前，我觉得，我们可以讨论一下提问题的方式问题。正如你所说，我们在研究领域和研究方法上的区别，造成了看问题的眼光的区别。应该怎样理解这个区别呢？

**戴登云**：首先我要说的是，您的回答体现了您的学科特点，保持您一贯的言说方式，这正是我所期待的。因为只有这样才能更好地激发出两个不同学科背景的人在差异中对话的可能性。但也正因为如此，让我初步体会到了两个不同学科背景的人，要实现真正的对话，确实不容易。

我非常认同您对学术自觉的概括。但是正如您所指出的，您的关注点侧重于个体经验的层次，而我提问的出发点，则侧重于"理论"的层次。为了对话的顺利进行，我想有必要就此多说两句。

通常，任何一个严肃认真的学者对自己的学术研究都有着高度的"学术自觉"。但是，此"学术自觉"并非就是对"学术"本身的自明性认识。一个典型的表现，就是一个学者可能做出了一流的学问，但对究竟什么是"学术"的认知，往往充满了一家之言、偏见甚至谬论。

问题是，除了具体的学术研究之外，是不是每一个学者都需要对"学术"本身有一个自明性的认识呢？存在着所谓的"学术"本身吗？到底什么又是"自明性"？

显然，之所以提出自明性的问题，原因就在于，尽管古今中外的人们都在进行"学术"研究，但到底什么是"学术"，人们的认识恰恰是不自明的。也就是说，人们对究竟什么是"学术"的认知，是有着文化的、历史的和专业的差异的。从来就没有一个放之四海皆准的有关"学术"的本质定义。对"学术"的认知总是存在着古今中西和不同专业之间的论争。如果说存在着什么"学术"本身的话，那这就是"学术"本身。悖论的是，正因为如此，我们才要急迫地提出,寻找对"学术"的自明性的认知! 因为如果不作这样的追问,很有可能,当一个局限于自己的专业领域的学者自以为正在做出一流的学问时,随着文化、历史和专业界限的急速变迁,有关"学术"的判定标准早已变得面目全非。反过来也成立,就是一个学者本来已做出了一流的学问,但由于其有关"学术"的判定标准的错位,以致其根本无法明白自身的研究所具有的学术思想史意义。现代中国学术就遭遇了这种尴尬情形。广而言之,任何历史或文化转型期的学术都会遭遇这种尴尬情形。因此,为了中国学术(特别是古典文史传统研究)的良性发展,有必要严肃认真地提出有关"学术"、"学术史"和"学术传统"的自明性认识的问题。

至于什么是"自明性",这里只简要提及胡塞尔的论证。大体而言,它包含两个层次的意思:一、从一个经过彻底反思的、原初给予的即能够被直观的起点出发;二、接下来的每一步推进都要满足这一方法论的要求。然而,如何穿透本身不自明的"学术"、"学术史"和"学术传统",而获得一个有关它们的自明性的认知呢?依据我的意见,通过对现代中国学术史的清理和反思,厘清现代中国学术的中西古今冲突的基本情形与研究立场的艰难选择的复杂关系、现代学术分科体系的合法性及其与现代中国学术典范的内在缺失的内在关联、现代中国学术的价值诉求及其内在困境、现代中国的学术精神与学科规训,以及现代中国学术的表述策略等问题,将为我们思考上述难题找到一个较好的切入点或前提。

不过,尽管我们关注的层次很不相同(提问的方式很不相同),但我们描述事物的方式,在我看来则异曲同工。比如,我描述什么是"学术"、"学术史"和"学术传统"的方式,与您描述什么是"文学"和"文化"的方式,就很相通:

(1)什么是学术? 首先,学术是某种知识者个体为探求知识与真理而必须掌握并付诸实践的"技艺"。其次,学术还是知识界的"共业"或曰"天下之公器"。第三,学术并非一自身封闭的静态领域。作为广义的制度化的文化创生的核心要素之一，学术不仅与学人所置身的地方性氛围与时代气候有着微妙的关联，还与特定的政治权力与意识形态、国家建构和世界体系，以及特定的学术生产机制和文化传统有着某种非此不可的关系。

（2）如是，所谓"学术史"，就不单单只是各种学术的操作"技艺"，即问题、材料、方法的"承继与断裂史"；更主要的，它还是一种使各种问题、材料和方法得以产生的历史情势所编织成的"语境"的断裂与拓展史。而学人的精神与生命，则充当了沟通此"技艺"与"语境"的中介或触媒。在此"存在层面"上，所谓学术史，就是从历史中的学术主体对学人与社会、学人与学术、学术与生命之间的本源性关系之"自我领会"所生成的"精神演化史"。学术史"本然"地处身于这多层次多向度的复杂关系之中。学术史就是由这些不同层面、不同向度之关系的牵扯互动、生发演变而成。

（3）在此意义上，所谓"学术传统"，就必然意味着从这些复杂的关系中，历史地呈现出了某种对当代的学术研究仍有启示性或有效性的学术思想资源的拓展方式、问题的领会方式和解决方式，以及现实的关注方式和个体生命的安顿方式。换言之，所谓学术传统，就是在学术资源、学术思想、学术方法之沿革变迁中，呈现出了在研究立场、学术分科、理论基点、价值诉求和学术精神等方面为某一学术共同体所认同的某种自明性预设。

上述观点妥当与否？请批评。至于您的"文学"观和"文化"观，由于稍后我会专门提出来与您讨论，这里就暂不论及了。

**王小盾**：上面这些话，大部分我都赞同。比如，赞同你关于我们两人关注点不同——一个侧重于个体经验的层次，另一个侧重于"理论"的层次——的判断，赞同你关于从学术实践中获得有关它们的自明性的认知的想法，也基本上赞同你对"学术"、"学术史"和"学术传统"的描述。我们的分歧大概在于，你比较强调理论对实践的干预，而我比较强调学术实践的独立。

　　关于理论对实践的干预，你说了一些理由。比如说："一个学者可能做出了一流的学问，但对究竟什么是'学术'的认知，往往充满了一家之言、偏见甚至谬论。"你似乎觉得这种情况不能容忍。而我对它的看法是：人们的言和行，是不完全统一的；人们的思和言，也是不完全统一的；至于理论和实践，更是处在不相等的位置上。这种情况很常见，无法消除。因此，作为理论家，大概要注意两点：一是要综合思、言、行来观察学者的"认知"，而不是只作"言"的判别；二是要接受不同学者的差别，而不必要求他们有同样的理论习惯。这正像文学理论家和作家的关系一样：文学理论家的理论，是不可能要求作家来阅读、来讨论、来作相似的表述的。所以，以下这个问题："除了具体的写作之外，是不是每一个作家都需要对'写作'本身有一个自明性的认识呢？"显得缺乏意义。

　　关于学术的独立，近一百年来很多学者谈过，可以说是学术自明性的核心问题。但是你似乎对此不够重视。比如你说："随着文化、历史和专业界限的急速变迁，有关'学术'的判定标准早已变得面目全非"，这使得从事"一流学问"的学者也可能被抛弃。这种情况真会发生吗？很难想象。我想，如果发生这种事，那么就是文化的悲哀了，因为这意味着"学术"已经被"标准"所左右了（脚被鞋子所左右了）。我的这个评论可能过于夸张；不过，你以下一段话却肯定是有问题的："一个学者本来已做出了一流的学问，但由于其有关'学术'的判定标准的错位，以致其根本无法明白自身的研究所具有的学术思想史的意义。现代中国学术就遭遇了这种尴尬情形。广而言之，任何历史或文化转型期的学术都会遭遇这种尴尬情形。"

　　对这段话可以有多种理解。其中一种理解是：学术转型是外在于学术实践的事情；或者说，学术活动必须服从于"历史或文化转型"。因此，学术是不独立的，不仅不能脱离政治权力而独立，不能脱离经济制约而独立，不能脱离意识形态而独立，而且不能脱离关于学术的理论而独立。也许你的原意不是这样；不过我认为，这段话至少没有认识中国学术之尴尬的本质。——正如陈寅恪等人反复申明的那样，缺少"自由之精神，独立之意志"，才是当前中国学术最大的问题。

## 二、中国文史传统研究的阐释学自觉

**戴登云**：我们的讨论已有了初步的交集，尽管还存在着许多误读和分歧。比如，关于学术独立问题，我就曾有专文予以讨论。依我的观察，学术独立当有三义：一、独立于西方，二、独立于世风，三、独立于政治。然而，由于受历史情势的制约，要真正做到这一点是殊为不易的。因此，真正的独立精神，在我看来就是去体验这种不可能的可能性。然而在当代学界，人们大多习惯以一种本质主义的方式来谈论这一问题，而忽略了这一问题的学术史和文明史的底蕴。在我看来，这恰是对何谓学术缺乏自明性认识的表征之一。

关于理论与实践，一个深入国人灵魂的观点，就是"理论是用来指导实践的"。然而在我看来，这一观点构成了对"实践"和"理论"的双重遮蔽。事实上，实践的问题只能用实践的方式来解决。而理论，不过是一种思维方式和言说方式，它的最大功用，就是用于批判和（自我）反思。它与实践构成了差异错置的但又相互参照、相互去蔽、相互生发的关系。不过，我觉得已无必要继续纠缠这些问题，因此，为了更好地推进我们的对话，我想换一个角度提问。

在《冯友兰〈中国哲学史〉上册审查报告》（1931）这篇文章中，陈寅恪指出："凡著中国古代哲学史者，其对于古人之学说，应具了解之同情，方可下笔。盖古人著书立说，皆有所为而发。故其所处之环境，所受之背景，非完全明了，则其学说不易评论，而古代哲学家去今数千年，其时代之真相，极难推之。吾人今日可依据之材料，仅为当时所遗存最小之一部，欲藉此残余断片，以窥测其全部结构，必须备艺术家欣赏古代绘画雕刻之眼光及精神，然后古人立说之用意与对象，始可以真了解。所谓真了解者，必神游冥想，与立说之古人，处于同一境界，而对于其持论所以不得不如是之苦心孤诣，表一种之同情，始能批评其学说之是非得失，而无隔阂肤廓之论。否则数千年前之陈言旧说，与今日之情势迥殊，何一不可以可笑可怪目之乎？但此种同情之态度，最易流于穿凿傅会之恶习。因今日所得见之古代材料，或散佚而仅存，或晦涩而难解，非经过解释及排比之程序，绝无哲学史之可言。然若加以联贯综合之搜集，及统系条理之整理，则著者有意无意之间，往往依其自身所遭际之时代，所居处之环境，所熏染之学说，以推测解释古人之意志。由此之故，今日之谈中国古代哲学者，大抵即谈其今日自身之哲学者也；所著之中国哲学史者，即其今日自身之哲学史者也。其言论愈有条理统系，则去古人学说之真相愈远；此弊至今日之谈墨学而极矣。……此近日中国号称整理国故之普通状况，诚可为长叹息者也。”

我认为，陈寅恪的这段话表明，在近代西学观念的强烈冲击下，迟至上世纪30年代，现代中国学人已经获得了重新审视古代中国传统的高度的阐释学意识的自觉。

然而，尽管如此，在对现代中国学术传统的反思中，我还是得到了这样一个基本的体认。这一体认即：自晚清“西学东渐”以来，从总体上讲，中国人文研究界（包括大陆和海外）至今仍深陷“重释中国”的焦虑之中，数度想找到走出困境的途径而不可得。由此使我想到一个问题，就是究竟该如何看待这一焦虑呢？在当代语境下，中国人文学界究竟该如何努力，才能普遍地获得某种真正有效的“重释中国”的阐释学意识并从理论上阐明这一阐释学的基本原则？

**王小盾：** 陈寅恪这段话，中国的文史研究者也常常说起，主要取其中两个要义：一是"同情之理解"，二是"其言论愈有条理统系，则去古人学说之真相愈远"。之所以会这样，我想，原因在于很多学者心中都有这两个要义，只是未作明确表达。或者说，很多学者是以同情的态度来取得对历史事物的深刻理解的，是以实证的方法去研究历史事物而不作过度阐释的；他们和另一些学者形成了鲜明对比，于是通过陈寅恪找到了会心的表达。我自己就是这样。我是以考据为基本研究方法的人；在我的学术经验中，有很多以同情态度作理解的例子。在我看来，违反这两个要义的人，往往是比较崇奉西学的人。他们在态度上比较粗疏，在方法上比较简单，为求快捷，往往从原则出发，用西方的原则套中国事实，一套，就完全失去了同情，也用不洋不古的条理统系代替了历史真相。用中国的老话说，这种人习惯于贴标签，习惯于削足适履。我之所以赞成陈寅恪，是因为我反对贴标签和削足适履，也反对粗疏和简单。

所以，我对你的问题产生了疑惑：尽管陈寅恪的说法和伽达默尔、德里达等人的理论有某种契合，但是，他是不是因为西学观念的冲击而获得所谓"阐释学意识"的呢？

或者说，即使认为陈寅恪的说法缘于西学观念的冲击，但是，你有什么理由说：冲击他的是伽达默尔、德里达等人（这是一种同向的冲击），而不是那些贴标签的、削足适履的人（这是一种反向的冲击）呢？

我的意思是：既然陈寅恪说过"此弊至今日之谈墨学而极矣"、"此近日中国号称整理国故之普通状况"等话，那么，他一定受到了"近日"出现的反向的冲击，也就是西方东渐以后的反向冲击。既然研究的动力不是来自各种哲学，而是来自实事与问题，那么，你就不能说，陈寅恪所表述的两个学术要义，是从西方"获得"的。

关于"重释中国"的焦虑，我从理论上关心不多。或许对这个焦虑可以作两种理解：其一理解为关于如何推进中国学术的思考，比如如何搜集新资料、寻找新思路、提出新问题。这种思考是很常见的。其二是你说的"数度想找到走出困境的途径而不可得"的焦虑。这种革命性的焦虑在我的知识视野之外，我平时接触的文史研究者一般也都没有这个焦虑。因为对于中国的研究从来没有中断；对于中国各种具体事物的理解，每天都在更新；材料层出不穷，问题层出不穷，认识中国是一个无限的过程；研究者必须从已知而求未知，困惑和解惑是他们生活中的常态。既然如此，便不存在一个固定的"已释"，也不存在一个固定的"焦虑"。在这种情况下，何从谈起"重释"，何从谈起"深陷"和"走出"呢？你所说的"数度"，是指哪些事件呢？

在我看来，理论家们提出的"重释中国"只是一个话题，就像"中国文化的精神是什么"也是一个话题一样。为什么说它是话题而不是问题呢，因为并不存在解答它的唯一方法。换句话说，这个话题包含一系列错误的假设。比如，假设"释中国"是一场革命，可以一蹴而就；假设有一副万宝灵药，可以一揽子地解决"释中国"的问题；假设过去的解释都不成功，要全部推翻；假设"释中国"的目标是取得一个模式，是一个理论问题，而不是学术实践的问题。这些假设对学术过程有严重的误解。还有一个假设则对学术工作的性质有严重的误解，即假设以下事物都不存在："由历史学、语言学、科学史、民族学、考古学、艺术史等分支组成的学术体系，其中每一分支都有丰富的、层出不穷的材料，其中每件材料都包含通向真理的知识，这些材料因而是彼此相关联的；不断地收集材料，不断地整理和研究材料，不断地通过材料理解事实，不断地在每个细小环节上获取新知因而不断地接近真理，是每个研究者的使命。即使国家不存在了，即使民族关系发生了翻天覆地的变化，这样的工作仍然要不断继续。"所以，当你说"中国人文学界"的时候，当你说"普遍地获得"的时候，可以认为，你遗忘了这些事实，你忽视了学术分工，你的话里包含了上述误解。

　　我的意思是：我们不妨把知识分子分为两类，一类是人文知识分子，另一类是科学知识分子。前者主要进行意识形态的工作，后者主要进行学术工作。"深陷'重释中国'的焦虑之中"的，是前一类知识分子；刚才我说过，后一类知识分子没有这个焦虑。"普遍地获得某种真正有效的'重释中国'的阐释学意识并从理论上阐明这一阐释学的基本原则"，也是前一类知识分子的追求，后一类知识分子没有这个追求。

　　为什么科学知识分子没有对于"阐释学的基本原则"的追求呢？我想主要有两个原因：其一，在他们看来，学术的原则、学术的理论存在于学术经验当中，每一代学人都作过表达。比如说"实事求是"、"知人论世"，"即类求书，因书究学"，"先求古本之真，再求事实之真"；又比如说"取地下之实物与纸上之遗文互相释证"，"取异族之故书与吾国之旧籍互相补正"，"取外来之观念与固有之材料互相参证"；再比如说"从事实出发而非从原则出发"，"对于古人之学说，应具了解之同情"，"其言论愈有条理统系，则去古人学说之真相愈远"。这些理论都没有过时，现在仍然在指导各种学人的学术实践。尽管新的学术实践将会要求新的理论，也会产生新的理论，但哲学家们应该以学术实践为依据来建立理论原则，而不必简单地从西方移植理论原则。第二个原因是：在科学知识分子看来，学术工作的本质就是处理材料，就是用主观去适合客观，实现主观条件和客观条件的结合。因此，任何学术原则，在实践中，都会因主观（学者）条件的具体特性、客观（材料）条件的具体特性而有所改变。在这种情况下，与其去寻找某一理论原则，就不如去考察主观条件和客观条件，考察它们的关系，由此建立具体的学术路线更为可行。

　　关于两类知识分子的区别，我还可以说一个道理：所谓"学者"，他们的面向是不一样的。有些人是属于某个人群的。他们的目标是成为这个人群的明星和英雄，所以他们总是面向某个人群发言，也面向当前社会发言，他们总是在制造宏大的问题。另外一些人，本质上不属于哪个人群，而属于一些学科共同体，或者说属于全人类。他们的目标是获取具有普遍性的知识，所以他们往往面向非现实的世界，因而面向比较细致的问题——你知道吗？科学的问题总是细致的，意识形态的问题才总是宏大的。所谓"重释中国"的焦虑，其实是专属于前一种人的。而在后一种人的世界里，或者说在真正的学术世界里，超越经验的、"普遍地、真正有效的'重释中国'的阐释学原则"，其实不是真实的事物，而是一个幻想。

**戴登云：**如果把您对我的批评本身视为是一个阐释学事件，那么，这一事件本身刚好表明，在当代中国的人文学界，普遍地获得某种真正有效的"重释中国"的阐释学意识并从理论上阐明这一阐释学的基本原则，是多么的必要，多么的急迫。

首先我要预告的是，有关近百年来中国学界所积累的研究、阐释古代中国文史传统的具体经验、方法和路径，是我下一节的提问将要讨论的内容，因此，本节的提问仍然是理论层面的。

其次我要指出，我在前面的提问中所下的断语——"我认为，陈寅恪的这段话表明，在近代西学观念的强烈冲击下，迟至20世纪30年代，现代中国学人已经获得了重新审视古代中国传统的高度的阐释学意识的自觉"，它有两层意思。第一层意思是，在近代西学观念的强烈冲击下，许多"现代"中国学人唯西方马首是瞻，恨不得用西方的一切为标准来评判古代中国的一切，因而遗忘了文史研究本应（就）具有的阐释学意识。第二层意思是，然而，陈寅恪的《冯友兰〈中国哲学史〉上册审查报告》（1931年）一文表明，至少迟至上世纪30年代，现代中国学人（哪怕仅只是个别的案例）重又获得了某种重释古代中国的"阐释学意识"的自觉。也就是说，获得了对"中西古今之学"的"中西古今"特性的高度自觉——应该从

"中西古今之学"自身的语境和特性出发来研究"中西古今之学"，而不是从一种"现代"的单一眼光和原则出发，去评价一切。

显然，我的陈述的重点是想强调，至少至 30 年代，以陈寅恪为代表的学人已经扭转了"五四"以来学界的一种倾向，而获得了一种阐释学意识的理论自觉；而非说，"陈寅恪的说法缘于西学观念的冲击"。正因为如此，我高度认同您对那些"比较崇奉西学的人"的批评。

当然，我的表述本身可能有问题，以致造成了您那种在我看来是"误读"的"正解"。这样一种结果当然应该由我负责，不过由此也说明，某种阐释学意识的自觉是多么必要的。

我并不认为中国学者缺乏某种阐释学意识，也不认为古代中国学术传统缺乏对阐释学的基本原则的高度自觉。这一点我与您没有什么分歧。我也认同您的如下说法，即中国学者天天都在重新解释中国，那种试图通过一场理论革命来一揽子地解决"释中国"的全部问题的想法不过是一种根本不知学问为何物的形而上学谵妄症。我也认同您对两种知识分子的区分。所不同的是，我从您的这种区分中发现了现代中国学者为何普遍地缺乏某种真正有效的"重释中国"的阐释学意识并对此缺乏理论的反思的真正原因，而您却从这种区分中得出了这样的认识——"在真正的学术世界里，超越经验的、普遍的、真正有效的'重释中国'的阐释学原则，其实不是真实的事物，而是一个幻想"。

该如何看待这一分歧呢？首先，具有某种阐释学意识并不意味着具备对阐释学原则的深刻自觉。问题是，什么是"阐释学的基本原则"呢？按我的理解，它至少有如下两个层面的意思：一、所有的阐释都有试图将自己的阐释定于一尊的倾向，由此产生了所谓的阐释权之争；二、然而，由于所有的阐释都脱离不了自身视野的局限和自身所置身的"中西古今"的语境，因此，所有的阐释要成为真正的阐释，其首要的前提就是意识到自身的局限并领会到各种阐释的交互去蔽、交互发生。

以这样一种眼光来看待百年来中国学界对古代中国文史传统的重新解释，怪不得那些"人文型知识分子"会陷入"重释中国"的焦虑。因为他们总是试图以一种定于一尊的阐释来一劳永逸地回答"中国文化向何处去"、"中国文化的本来价值"这样一些预先就有了价值判断的宏大问题（起先是诉诸"民主和科学"的价值判断，然后是某种教条的马克思主义的终极真理，然后是某种现代化的社会演进叙事，现今又翻新成了某种后现代主义……）。

然而，为何那些"科学型的知识分子"没有这样的焦虑呢？这倒不是因为他们的认识能力比那些"人文型知识分子"优越，相反——综合您所分析的两个原因——倒是因为他们已被某种"科学"合法性叙事或"科学"意识形态所蒙蔽。这种意识形态具有如下信仰：一、科学研究总是从具体学科的具体材料入手；二、只要各具体的学科研究透了，就能得到对整个学科体系或整个世界的正确认识。而第二方面的信仰又以如下预设为前提，即由所谓的历史学、语言学、科学史、民族学、考古学、艺术史等分支组成的"学术体系"，是一个稳定的体系，也就是说，由此"学术体系"所表征的"世界体系"，是一个稳定的体系。然而，这样的预设忽视了如下两个问题：一、科学研究往往还需从观念的反思入手；二、现代学术之所以发生如此剧烈的变迁，就是因为"世界体系"（在中国是"天下观"）发生了"天崩地裂"的变动。现代学术本是为应对此"天崩地裂"而生的，然而"科学的知识分子"却将自己封闭在一个假设稳定的"学术体系"的壳里，而忘了自己的本来使命是重构这一"学术体系"（世界体系）。

当然，要重构这一世界体系，单靠那种形而上学的思辨，肯定是不行的。而埋首所谓的科学研究，也可能出问题。因为"人文型知识分子"尽管意识到了"中西古今"的问题，但他们化解无方。而"科学型知识分子"尽管解释清了某些细节，但却遗忘了现代学术的"中西古今"冲突问题。有鉴于此，我才提出，必须重新反思"重释中国"的阐释学原则问题。也就是说，现代中国的古代中国文史传统研究，必须重新反思"中西古今"冲突的问题，并在这种反思中领会到各种阐释的交互去蔽与交互发生。

上述观点当然是我的一己私见，期待您的回应。

**王小盾：**这些意见很好。作为"科学型的知识分子"，我愿意反省。我们刚才的讨论也许有一个问题，那就是我过于强调意见上的差异。实际上，我们的出发点是相同的，那就是提高中国学术的理论自觉。20年前，我曾援引过爱因斯坦的一个说法："他不但具有关于细节的全部知识，而且还始终坚定地注视着基本原理。"这话是用来评论物理学家尼耳斯·玻尔的，但同样反映了一批中国文史研究者的理想。

## 三、中国文史传统重释的
## 经验、方法与路径

**戴登云：**我们的分歧似乎变小了，因此，我决定直接转入下一个问题。这一问题即：尽管到目前为止，中国人文学界还没有成功地建构出"重释中国"的理论体系，但这并没有妨碍中国学人在重释中国古代文史传统时，已寻找到了一套行之有效的方法路径。这一方法路径就是陈寅恪在《〈王静安先生遗书〉序》(1940)一文中所说的："先生之学博矣，精矣，几若无涯岸之可望，辙迹之可寻。然详绎遗书，其学术内容及治学方法，殆可举三目以概括之者。一曰取地下之实物与纸上之遗文互相释证。……二曰取异族之故书与吾国之旧籍互相补正。……三曰取外来之观念，与固有之材料互相参证。……此三类之著作，其学术性质固有异同，所用方法亦不尽符会，要皆足以转移一时之风气，而示来者以轨则。吾国他日文史考据之学，范围纵广，途径纵多，恐亦无以远出三类之外。此先生之书所以为吾国近代学术界最重要之物产也。"

可以认为，在当代中国人文学界，几乎没有不"服膺"陈寅恪所总结的这一"三证"法者。然而这不过是表面上如此，事实上，相当多的学者只是口头上说说而已，当不得真的。而您则与这些时髦的才俊迥然有别。若以一种稍显概略的语言来评价您的学术研究，最起码，至少在方法路径上，您对中国文史的"材料"与"问题"、"文本"与"语境"、"考据"与"思辨"、"大传统"与"小传统"、"经典之前"与"经典之后"、"中心"与"周边"、"域内"与"域外"、"人文"与"社科"、"方法"与"理论"等方面的"融通"实绩表明，您能够称得上是王国维所开创的学术轨则的继承者与践行者，而且有所拓展和超越。

由此让我产生了好奇：一、在当代中国学术的语境中，您是如何看待中国文史传统重释的方法与路径的呢？二、以您的经验而论，您是如何自觉地承继并拓展这一方法和路径的？什么样的机缘促使您做出了这样的选择？

**王小盾：**我同意你的意见：王国维、陈寅恪的学术工作具有示范意义。一百年来，他们对于中国学术发生了重要影响，这影响超过了其他人。从方法角度看，他们的影响主要体现在三个方面，即取地下之实物与纸上之遗文互相释证、取异族之故书与吾国之旧籍互相补正、取外来之观念与固有之材料互相参证。继承与践行他们所开创的学术轨则的人有很多，遍布文、史、哲各个领域。每个人都是带着自己的聪明才智来进行学术工作的，他们自然有所拓展和超越。这就是老话说的"譬如积薪，后来居上"。我认同这样一批学者，用陈寅恪的说法叫做"预流"，用平常一点的话来说是："我也接受了影响，我们在相互影响。"

我想，若要回答你的问题，就要讲一点故事——关于学术机缘的故事，关于学者们相互影响的故事。

第一个故事发生在"文化大革命"时期。那时，我在赣东北山区的一家农场劳动了十年。劳动很艰苦，早晚都搞政治活动（俗称"早请示晚汇报"），留给自己的时间不多，每天不足八小时。但我每天都会从中挤出一点时间，就着油灯看看书。我很珍惜这难得的读书机会。你知道，人很容易对象化：白天劳动的时候，如果使用打谷机，我便感觉自己是一架机器；如果赶牛耕田，我便感觉自己是一头牲畜；只有看书的时候，我才能感受到作为人的自由，因为这时候可以让心智和知识对话，超越时间和空间。这样一来，我就不加选择地读了所有能够看到的书，包括毛泽东、鲁迅、马克思和黑格尔的书，也包括关于数学、物理、兽医和园艺的书。我是如饥似渴地读书的，因此建立了对各种知识的爱好，也积累了强烈的求知欲望。

第二个故事关于我的两位老师：硕士生时期的指导教师王运熙（1926—2014）先生、博士生时期的指导教师任中敏（半塘、二北，1897—1991）先生。王先生是一位重视学术规范的学者，强调培养考据学的基本功，指导我们精读了好些经典著作，也进行了文献学训练。他的学术工作有三个特点：一是习惯用"读书得间"的方式发现学术问题；二是强调客观而完整地面对历史著作，而反对"断章取义"式的研究方法；三是重视从历史条件和事物关系方面来考察对象。这样的学术风格就很接近陈寅恪了。他偏重于乐府研究和中国古代文学批评史研究。他以这些方面的学术实践，有效地发扬了"即类求书，因书究学"的古代传统。任先生则是一位富于批判意识的学者。早年以《散曲丛刊》、《新曲苑》等资料性著作建立了"散曲学"一科；晚年致力于"唐艺发微"，在敦煌歌辞研究、唐代戏剧史研究、声诗研究等方面卓有建树。其在这两方面的工作都有打破传统学术尊卑成见的意义。由于师承方面的原因，任先生对王国维作了很多学术批评，比如针对王国维的《优语录》，写作了一部《优语集》；针对王国维的《宋元戏曲考》，写作了一部《唐戏弄》；针对王国维的敦煌曲研究，写作了《敦煌曲初探》和《敦煌曲校录》。不过，所有这些批评都是从材料出发的，因此，在研究方法上反倒接近王国维。

这两位老师都对我有深刻影响。我也正是在撰写两篇学位论文的过程中，比较细致地了解了王国维和陈寅恪。

第三个故事关于我的学术环境。我在 1977 年考上大学，这正是学术复兴的年头；我在 1979 年成为复旦大学的研究生，这正是西方学术开始涌入中国的年头；1985 年我取得博士学位，这正是方法论、文化批评掀起热潮的年头。当我潜心学习国学传统的时候，来自西方的声音，有的直接，有的间接，像是响亮的伴奏。

为什么说是"伴奏"呢？因为我是谨慎地倾听这些声音的。我其实很早就有理论爱好。在阅读马克思的时候，曾经研究过《资本论》的创作史，注意到马克思的理论经历了体系性、客观性逐渐加强的过程。在大学一年级，我通读了各种美学书，了解了西方哲学史和中国美学的主要问题。这点知识基础对我后来的发展有积极的作用。从深层看，是培养了我思考问题时的系统化的习惯；从浅层看，是提供了一个知识背景，由此可以建立对于各种新理论的理解力。

在这里，值得提一下我在硕士阶段的专业"中国文学批评史"。这个专业貌似"古代文论"，但从方法和出发点看，两者完全不同。一般来说，中国文学批评史是从中国文学史等本土学术中产生的专业，倾向于从中国文学的实际运动出发来观察理论现象，加以研究；古代文论则是在外来因素的推动下产生的学科，倾向于依靠某种认识框架，直接对古代文学理论进行分析和解释。作为美学发烧友，我是很容易接受古代文论专业或文艺学专业的影响，走一条从原则出发而不是从材料出发的路（俗称"以论带史"）的。因此，我攻读硕士学位的三年，就是在导师指导下，针对中国文艺学的习惯进行自我批判的三年。批判的结果是获得根本的改变。首先，随着知识积累逐渐加深，我对认识过程的复杂性有了更充分的估计,觉得那种一蹴而就的图像思维方式只能在幻想中解决问题,因而重视对事物细节或局部的研究。其次,由于接触了很多史料,对思想的建立过程有了更清晰的了解,知道理论总是对一定的经验事实的概括,于是对那些从原则或框架出发的"研究"产生了怀疑,而倾向于把逻辑问题还原为历史问题来解决。其三,由于研究经验逐步增长,对学术的本质有了更透彻的认识,懂得学术有别于意识形态活动,其目的是追求对于事物原因、原理的解释,因此,认为只有那种依据可靠史料、用切合对象本性的方法、通过严密论证去解决个别问题的工作才算研究。其四,由于认识的逐步深化,或者说,由于"刨根问底"的需要,对各种浅尝辄止的"阐释"完全丧失了兴趣。要说我和"时髦的才俊"有什么区别,我想最重要是以上几点。

事实上,上述过程是并不偶然的。在我看来,王国维也经历了这样一个从理论走向实证的过程。王国维早年爱好自然科学,25岁以后研究康德、叔本华,30岁由哲学、美学转而治理词曲,35岁以《宋元戏曲考》一书表明了对经史考据之学的兴趣,40岁以后全力投入考据之学。他的学术重点便同样表现了由形上之学向形下之学的转移。王国维34岁的时候,在《〈国学丛刊〉序》中说到上述转移的原因:他最后选择了史学,乃因为史学区别于理论学科的特点是不满足于求真求是,而要进一步追究事物"所以成立之由"。史学之所以重视材料,不以真伪善恶及现实利害定其取弃,正是由于这种对于原因和原理的追求。这意味着,只有从材料出发的研究、摒弃价值影响的研究,才能达到对客观的因果关系的认识。

王国维所表现的,可以说是重视技术的倾向。这一点不难理解:一旦确认了材料的重要性,处理材料的技术就是不可免的。从这一角度看,他在40岁写下的著作,比如《殷卜辞中所见先公先王考》、《殷卜辞中所见先公先王续考》、《古本竹书纪年辑校》、《今本竹书纪年疏证》、《英伦哈同氏所藏龟甲兽骨文字》、《唐韵别考》、

《殷周制度论》、《韵学遗说》等，便践行了六年前的理论，是有关史学新技术的一系列试验或示范。在这些著作中，二重论证的手段，语言学、文字学的手段，以校勘、传注学来保障史料可靠性的手段，得到充分发挥。你提到陈寅恪的那三句话（"三类之著作"），按我的理解，其实质就是说处理材料的三种新方法；所谓"轨则"，可以理解为技术上的典范。

我们长话短说。我认为，若要有效地推进中国文史研究，那么，应该提出"技术"这个概念，引起学者们的重视。刚才谈到"但开风气不为师"、"暗把金针度与人"一类说法。这可以看作经验之谈，也可以视为一种重视技术的方法论。因为技术是这样一种方法：它是在实践中产生和积累起来的，是经验性的知识；尽管它接受一般原理的指导，但它富于操作性，能够解决实际问题；它是主体作用于客体的最直接的方式，具有工具的品质，因而是一种基本素养。换言之，它区别于作为哲学观念的方法论的特点在于：它是致用的方法，代表了对于效率的理性追求；它是劳动本身，而不是外在于劳动的某种观念。所谓"开风气"，讲的正是它的效率；所谓"不为师"，讲的正是它和实践的同一性；所谓"金针暗度"，讲的正是它的经验品质和工具品质。

你刚才说到我在学术工作中的"方法路径"，认为其特点是能够"融通"。这是从积极方面看；从消极方面看，也可以说是"散漫无归"。我当然知道造成这种现象的原因。这原因就是从青年时代开始的那种跨越学科边界的求知欲，那种献身于知识的狂热。但在事实上，"隔行如隔山"，走进一个学科的过程也就是越过鸿沟的过程。这鸿沟是什么呢？就是技术。正是不同的技术划出了学科与学科之间的界线。我为什么能够跨越鸿沟，尽自己能力学习一些技术呢？是因为我知道，很多学科的革命性的变化，正是通过技术革新而实现的。比如在使用地层分析、器物分类和各种年代测定技术之后，传统的"金石学"变成了现代考古学；在引入音标、语言调查、谱系分类等技术之后，传统的"小学"变成了现代语言学。我清楚这个道理，我的求学过程，也可以说是努力学习、努力实践文史学科各种技术的过程。比如《汉藏语猴祖神话的谱系》一文，是利用汉藏语同源词分析技术而完成的；《火历论衡》一文，是在运用古代天文学知识的基础上完成的；最近要出版一部五十多万字的论文集《隋唐音乐及其周边》，其中有很多工作是建立在音乐学技术之上的；我在中国边疆和周边地区作过较长时间的考察，目的是学习民族学的方法。所以，我想请那些批评我"散漫无归"的朋友原谅：等我把相关技术学好，我一定会回到生养我的中国古代文学学科中来的。

　　以上所说，不知道是否切合你的问题。我的中心意思是：学术史研究要注意观察学术实践，而不能只看理论。你所说的"传统重释"的问题，应该通过学术实践来解决，而不能满足于推理。这可以举一个例子：在王国维之后，有人提出了"三重论证"的研究方法，也就是在文献学、考古学的方法之外加上了民族学（或人类学）；你上次说到，现在又有人主张"四重论证"，进一步增加了艺术史的方法。如何看待后一个学说呢？理论家认为这是一个学术里程碑，但实际工作者却认为未必。因为从材料角度看，文史研究的对象无非是三样：文献、文物、民间遗存。艺术史研究的对象同样是文物，不出"二重论证"的范围，因此不宜叫"四重论证"。当然，艺术史研究代表了一种特殊的方法，也就是图像分析的方法。如果这样讲，那么，我们也可以提出"五重论证"、"六重论证"，因为我们可以采用历史语言学的比较方法、科学史的分析方法。从这个角度看，提"四重论证"未必是进步，因为新技术已经出现了，这样提反而限制了对新技术的使用。另外，这些提法也未必比王国维高明，因为解决殷卜辞中所见先公先王的问题只需要二重论证。你知道我的意思吗？我只是想说：不要去迷恋"理论"，因为看起来有条理统系的言论，去学术史的真相反而远。我对西方理论了解不多，但有三句话印象深刻。第一句话说："不论是在自然科学还是在历史科学的领域中，都必须从既有的事实出发。"第二句话说："研究必须充分地占有材料，分析事物的各种发展形式，探寻这些形式的内在联系。"第三句话说："科学的目的并不在于创造概念和命题，而在于建立概念、命题同感觉经验之间的细致的对应关系。"我想，通过这三句话，我们完全可以找到进行中国文史传统重释的方法与路径。

还有许多话，请容下次再谈。

**戴登云**：您的回答填充了我的某种期待和想象，非常感谢。不过您可能稍稍忽略了我的学术背景——我花了很长时间来研究解构理论。因此我与您一样，也反对那种形而上学的理论，只是反对的方式稍稍有别。我非常认同这一说法："把逻辑问题还原为历史问题来解决"，是推进理论研究的不二法门之一。不过，我还想进一步关心历史问题背后的"问题"，这将是我在后面的访谈中所要请教的核心问题之一。

# 论文论研究的范式转型

"历史上向前一步的进展,往往是伴着向后一步的探本穷源。"①诚哉斯言! 当代中国的文论研究②之所以陷入表面繁荣而实则举步维艰的境地,恐怕就是因为丧失了这种"返本穷源"的问题意识、勇气和方法自觉使然。

然而,究竟何谓"返本穷源"? 如果说当代中国的文论研究已经普遍丧失了"返本穷源"的问题意识、勇气和方法自觉,我们又如何可能谈论"返本穷源"并着手"返本穷源"?

显然,所有这些问题都是有待展开的,所有这些问题都还没有确解。在展开这些问题之前,我们唯一所能确认的,就是在谈论或着手"返本穷源"之前,我们需要找到一个"返本穷源"的"起点"。可正是在这一点上,我们进一步认识到,要使当代中国的文论研究摆脱目前的路径依赖,而转向一种"返本穷源"式的探索,何其困难! 因为,倘若我们在转向一种"返本穷源"式的探索之前,竟然对自身所置身的"时代语境"缺乏一个最低限度的"自明性"认识,竟然对自身的研究所形成的路径依赖浑然不觉,我们如何能找到一

---

① 宗白华:《美学散步》,上海人民出版社 1981 年版,第 68 页。
② 本文主要针对当代中国大陆学界的文论研究状况立论。然而,由于论题所及,其论述范围往往扩展至整个中国学界(即包括港台在内的整个中国人文社科学界)。基于此,本文所使用的"当代中国文论研究界"、"当代中国学界"等语,在不同的上下文中,其所指范围时广时窄。

个恰当的"返本穷源"的"起点"？又如何能够探寻出"返本穷源"的路径并抵达其"终点"？而事情恰好就是这样：表面上，当代中国的文论研究界不仅对自己所置身的"时代语境"相当"敏感"，对当代中国的文论研究的"路径依赖"也一直在做着不遗余力的批判；可实际上，这些认识和批判要么完全因袭来自西方和其他学科的成说，要么完全就是基于个体经验感悟层次上的主观判断，因而基本上处于一种众说纷纭、"不知今夕何夕"的状态。在如是状况下探讨当代文论研究的范式转型，其前提何在？"起点"何在？路径何在？"终点"又何在？①

由是，为了使当代中国的文论研究摆脱这样一种自我遮蔽的状态，在我们尚未揭示究竟何为"返本穷源"的内在规定性之前，我们竟然不得不将种种有关当代中国的文论研究所置身的"时代语境"和"路径依赖"的现成判断暂时放到一边，而返身去对这一语境和路径的生成历程作一个"返本穷源"式的考察。这大约就是当代中国的文论研究之范式转型的"悖论性"起点。

## 一、文论研究的当下语境与思想使命

抛开种种有关当代中国的文论研究所置身的时代语境的现成判断，直面纷繁复杂的当代中国文论研究，有一个十分引人注目的现象，那就是：几乎每隔三五年，当代中国文论研究界就抑制不住要给自己所置身的"时代"作一番新的命名。② 这种"命名（行为）"

---

① 或许正因为对此状况缺乏理论的自觉，才使某些论者认为，当代中国的文论研究，已经经历了或正在经历着范式转型；当代中国的文论研究，正在迎来大繁荣、大发展的局面。

② 从"新时期"到"后新时期"，从"革命时代"到"后革命时代"，从"社会主义初级阶段"到"开放时代"，从"计划经济时代"到"市场经济时代"，从"现代"到"后现代"到"现代性时期"，从"大众化时代"到"消费主义时代"，从"电子传媒时代"到"读图（转下页）

是如此正当、如此激动人心，以致大多数论者所在意的，都是如何提出一个更加有效、更加不言自明的新"命名"，从而遗忘了一个更为根本的问题，即追问和反思这种"命名的冲动"本身。事实上，倘若我们将目光从"命名的有效性"转移到"命名的持续冲动"本身之上，我们马上就会意识到，当代中国的文论研究界所表现出来的如此强烈的为当今"时代"命名的兴趣，这与其说是表征了我们对自己所置身的"时代语境"的认识和把握的不断深化，还不如说是遭遇了一种为"这个""时代"命名的不可能性。

当代中国的文论研究遭遇了一种强烈的为这个"时代"命名的焦虑。仅只是指出这一点，就足以表明，当代中国文论研究界已深陷对"当代语境"的认知困境。当代中国文论研究界对自身所置身的"时代语境"的任何判断，如果缺乏了对这一困境的批判性反省，其结论要不是以一种新的"成见"①来取代旧的"成见"，要不就是毫无学理性的呓语。

当代中国文论研究界当如何着手"对当代语境的认知困境"这一基本实事的批判性反思呢？如果我们不愿被任何现成的怀疑主义和虚无主义的"成见"所蒙蔽，而是一如既往地坚持我们的直观，那么，我们马上就会发现，"对当代语境的认知困境"不但不是阻碍我们前进的障碍，相反，它倒成了促使我们重新发现那个被遮蔽已久的问题的契机：由此，我们将意识到，对于当代中国文论研究界来讲，那种曾经自明（有效）的历史哲学或总体历史叙事已然解体，而当代中国文论研究界对此却重构乏力。因为，从理论上讲，除非我们对历史演进的内在本性有了一个恰切的理论认知，除非我们

---

（接上页）时代"，从"转型时代"到"全球化时代"，从"生态文明时代"到"太空文明时代"等，如此繁多的命名，角度不一，内涵歧异，以致仅是去追溯它们的确切起源，就将成为一个工程浩大的课题。

①　由于这些"新见"大都采自西方或其他学科的"成说"，因此，这里统统把它们视为是"成见"。

重构出了某种真正有效（即具有阐释力）的历史哲学或总体历史叙事，否则，我们将缺乏真实有效的参照系，以助我们真正把握住"当今"时代的根本特征，从而为当今"时代"寻找到一个恰切的历史定位，并有效化解为当今"时代"命名的焦虑。

当代中国的文论研究遭遇了历史哲学或总体历史叙事的重构困境。当代中国文论研究界当如何努力，才能普遍"意识"到这一困境并有效化解这一困境呢？倘若现在还不是从理论的层面来谈论这一问题的时候，那么，从历史的层面指出当代中国文论研究界之所以深陷这一困境的原因，对于问题的反思来讲，当不无助益。

从历史的层面看，当代中国的文论研究之所以会陷入历史哲学或总体历史叙事的重构困境而不自知，根本的原因，就是因为当代中国的文论研究界对"中西古今之争"的虚假裁决。

本来，由于建国以来的历史实践和改革开放以来的西潮东渐消解了一度居于正统地位的教条的马克思主义的历史哲学或总体历史叙事的合法性，使我们重新遭遇了"时代定位"的难题；因此，只要我们牢牢地把握住了这一难题，当代中国的文论研究界是能够进一步意识到我们已遭遇了历史哲学或总体历史叙事的重构困境的。可是，当代中国的文论研究界为什么对此却缺乏充分的理论自觉呢？除了意识形态话语迅速对"时代定位"的难题提供了垄断性的裁定之外，（学界）对"中西古今之争"的全面介入和虚假裁决，当是最主要的内因之一。

众所周知，建国以来的历史实践和改革开放以来的西潮东渐不仅消解了一度居于正统地位的教条的马克思主义的历史哲学或总体历史叙事的合法性，与此同时，它还引发了新一轮剧烈的中西古今之争。因此，尽管自 20 世纪 80 年代以来的中西古今之争没有直接讨论历史哲学或总体历史叙事的重构问题，可是，由于问题的内在相关性，使得任何对中西古今之争的谈论都必然具有一种潜在效应。这种潜在效应即：从理论上讲，只要我们化解了中西古今之争，实际上也就建立起了一种新的总体历史叙事或历史哲学。

然而，当代中国的文论研究界是否真的化解了这新一轮的中西古今之争呢？尽管从一开始论争者们就相当敏锐地直觉到了中西古今之争的历史复杂性，并对此充满了异常矛盾复杂的感情，①但是，由于论争各方都普遍预设了"古"与"今"的质的断裂或不可通约性，以及"现代化"的历史必然性或天然正当性，以致表面上各方的意见尖锐对立，但实际上都没有超越某种整体主义的、本质主义的（即把中/西或基础/上层建筑分别视为是一个本质同一的整体）、二元对立的和线性进化的思维方式。这种思维方式使我们很容易作出某种单向度的价值判断，却很难洞穿历史的实际。不仅如此，由于这种单向度的价值判断总会给我们一种"问题已经解决"的错觉，因此，它不但会使我们无法洞穿历史的实际，而且还会使我们丧失问题意识的自觉。

中西古今之争究竟具有什么样的历史复杂性和问题实质？如果我们坚持这样的直观，即不仅当代中国遭遇了中西古今之争，事实上，在现代西方的内部，同样也存在着"古今西中之争"，那么，我们就能直观到，当代中国的"中西古今之争"的复杂的历史情形：在当代中国的"中西古今之争"的内部，还包含着（叠加着）现代西

---

① 80年代的中西古今之争，代表性的意见有三种：一种就是各种新旧形式的"中体西用论"（包括传统的创造性转化派、寻根派、新权威主义、新保守主义等。这里的传统包括革命传统和儒学传统。），一种是与此对立的"西体中用论"（以活生生的现代社会生活方式为体——这是从西方率先产生的，我们只是要将之中国化而已。可以将这种论调视为是"××西方学说的中国化"的颠倒性变体），还有一种则是更激进的"中西之争的实质就是古今之争（中＝古、西＝现代化＝今）论"（有人将之称为全盘西化派，而他们自己却坚持认为是批判"回归传统"派）。后两种立场表述不同，而实质则相近。至于"中西互为体用"和"中外为体、中外为用"等其他论断，大体可归为经验性的"中西古今融通论"。

方内部的"西中古今之争"。如是,当代中国的"中西古今之争"这一问题的实质,就将被揭示为:古今中西的各种精神资源和价值取向以一种时空错置的方式在当代中国的历史语境中相互冲突、交织在一起。① 而任何想对这一实质加以有效审视的知识学建构,除非它重构出了一种与这一实事相对应的具有内在错置性的存在视野(世界视野)和总体历史视野,否则,它是无法为中西古今各种错置性的知识思想资源和当代中国与西方的错置性的历史状况确定各自的位置的。换句话说,就是除非如此,我们将永远无法化解中西古今的冲突;除非如此,我们将永远无法坦然地面对中西古今之争。

　　然而遗憾的是,由于前述整体主义的、本质主义的、二元对立的和线性进化的思维方式的局限,使得当代中国的文论研究界在处理中西古今的冲突时,始终没有超越"纵向—横向"的"历史坐标"这样一种几何学隐喻和"过去、现在、未来"三分的时间叙事,② 这使得当代中国的文论研究界不但没有直观到上述中西古今之争的"问题实质",其对总体历史叙事和历史哲学的建构,相应地也成了一种虚假的裁决。这种状况一直延续至今。③ 如是,我们说,一种具有内在错置性的存在视野和总体历史视野的匮乏,就成了当

---

　　① 已经可以预料(或断定)的是,随着当代中国的崛起,在全球语境的范围内(特别是西方世界内部),必将出现新一轮更加剧烈的"中西古今之争"。而这一"中西古今之争"又必将反馈回当代中国语境,使当代中国的思想论争变得更加复杂,更加扑朔迷离。

　　② 不管是将重心确定在"过去","现在"还是"未来",本质上,都没有有效超越线性历史叙事。

　　③ 尽管在30年后的今天,学界对现代性的悖论已有充分的认识,但裁决"中西古今之争"这一问题的思维方式,仿佛仍与80年代如出一辙。比如,80年代坚持"中西之争的实质就是古今之争"的价值取向是"崇今";而今天坚持"中西之争的实质仍是古今之争"的价值取向则颠倒了过来,忽然又变成了"尊古"。——不管是"崇今"还是"尊古",其理论依据好像都来自西方的某种"显学"。

代中国文论研究界所置身的时代语境的根本特征之一。如何重构出这样一种存在视野，就成了当代中国文论研究界的根本问题和根本使命。而对这一视野的重构乏力，则表征了当代中国文论研究界的又一根本困境。

有论者曾将中西古今的冲突视为是某种"不可避免的历史事件"，因而带上了某种悲剧意味。然而正因为此，才使人们止不住要去追问，究竟是什么动因，成就了这一中西古今之争的历史必然性呢？如果我们不想重陷任何基础决定论的、线性目的论的，或文化多元（相对）主义的阐释学困境，那么，如下一种着眼于长时段文明史的思考将不失为一种值得尝试的介入问题的替代性视角或方式。这种长时段文明史的思考即：

人类生存演进的历程其实是一个人类交往的极限空间的不断拓展，人类社会内部事务的细密分化两极互动的过程。这一过程中任何一极的变动，都将导致一个文明体内部的分化与整合机制的（同步或不同步的）变动。这一分化与整合机制的变动过程或缓慢或激进，但不管如何，其结局都将导致一个文明体整体的转型与重构（当然也可能是毁灭）。在这一过程中，当人类交往的极限空间拓展到全球范围的时候，显然，在这个语境范围内的任何一个局部文明体的转型与重构，都有可能改变全球文明的格局，并成为全球文明的转型与重构。

然而，在这一全球文明的转型与重构的过程中，由于不同局部文明体的分化与整合机制的本质差异和时代差异，使得不同文明体的"交往（互动）"必将演变成剧烈的"冲突（斗争）"。而这一"交往（互动）"之所以得以可能，当然依赖于一定的技术革新或媒介前提。因为根本上，是媒介的变更带动人类关系和人类交往方式的变更。在这诸多（多重）媒介中，技术、"语言"（观念）和某种市场运作机制、政治运作机制等无疑是几种最基本、最重要和最复杂的媒介之一。

　　从这样一个角度来重新审视当代中国的"中西古今之争",显然,它不仅有助于我们超越以往那种非此即彼的、单向度的或经验形而上学的、功利主义的思维方式的局限,还将有助于我们把握住真正的问题核心:当代中国的"中西古今之争",不过是全球文明在转型与重构的过程中,如何在全球范围内重建文明的分化与整合机制——亦即在这一张力结构之间建立新的动态平衡——这一难题在中国语境里的独特表征之一。从这样一个角度讲,当代中国的真正问题,就不是简单的要"以中学为体"还是"以西学为体"或"以现实为体"的问题,也不是简单的"普世价值与中国国情"或"效率与公平"的问题,而是如何在中国文明体内部与全球语境范围内同时着手重建不同层次的具有新的历史合法性的分化与整合机制的问题。由于无论在哪一个层次上的分化与整合机制的重构问题对于中国来讲都是全新的、有待展开的,由此可见出当代中国文论研究界所遭遇的问题的复杂性。而这才是当代中国学术语境的最根本的实事之一。

　　与此同时,由于媒介的变动必然带来人类关系和人类交往方式的变迁,进而带来人类文明体的分化与整合机制乃至世界格局的变迁;反过来,世界格局的变迁也必然导致局部文明体内部的人类关系和人类交往方式的变迁,进而加速媒介的变迁。而媒介的加速变迁必然会在一个文明体的内部造成表意范式的危机(这一点表现在"语言—观念"媒介上,尤其如是)。当代中国文论研究界正好遭遇了这种危机。由此可以理解,当代中国文论研究界为何会遭遇"时代"命名的不可能性。

　　然而,由于前述对中西古今之争的单向度裁决,使得当代中国的文论研究界总是习惯不加反思地接受或因袭来自意识形态或西方的"时代"命名,即使这样的"命名"因历史的加速变迁而迅速失效,也只是满足于去追逐更新的、更"现代"的"命名",而一再地错失对这种"命名的不可能性"的反省。

## 二、文论研究的路径依赖与思想制约

总结上文，如果我们把种种有关当代中国学术语境的现成判断抛到一边，去追溯这种种判断的表意危机及生成语境，那么，我们就会发现，如何重构出一种真正有效的历史哲学或总体历史叙事，如何重构出一种具有内在错置性的存在视野和总体历史视野，如何重构出一方面具有层次差异另一方面又具有内在协调性的文明的分化与整合机制，如何重构出一种新的与前述历史哲学、存在视野和文明的分化与整合机制相适应的表意范式，乃是当代中国的文论研究最根本的思想使命之一。只有明白了这一点，我们才能明白，对这些问题的遗忘和重构乏力，才是当代中国的文论研究所置身的"时代语境"之真正实际。

事实上，当我们作这样的总结时，我们的目光早已超越了当代中国的文论研究的学科范围，而遍及当代中国人文学术研究的各个领域。道理很简单：既然前述当代中国的文论研究所置身的"时代语境"也就是整个当代中国的人文学术研究所置身的"时代语境"，那么，相应地，前述当代中国的文论研究所应承担的最根本的思想使命，对整个当代中国的人文学术研究来讲，同样是一种有效叙事。

若进一步放宽我们的视界，将我们的目光回溯到一百年以前，我们马上就会发现：其实，由于自晚清以来，中国学界就遭遇了"中西古今之争"，因此，上述当代中国学术研究的"时代语境"与思想使命，本质上就是一百余年以来中国学界所遭遇的"时代语境"与思想使命。只不过，与一百余年以后的当代学界比起来，晚清学人似乎对上述语境和思想使命有着相当程度的自觉，而当代学界对此却浑然不知。

有足够的证据来证明上述判断。只不过，由于论题的范围所

限,在此我们无法提供详细的论证。① 在此,我们只想继续追问:
如果上述"时代语境"与思想使命本来就存在在那里,当代中国文
论研究界为何却视而不见呢?

为了更好地谈论这一问题,我们也不泛泛地讨论当代中国的
文论研究,而只是选取当代中国文论研究的一个"热点话题",作一
简略的"症候"式的"文本"分析。

本来,前两年,(当代中国大陆)文论界曾兴起一阵"新时期以
来(即 30 年间)的文学理论研究"的"回顾与反思"热。由于人们迅
速把回顾与反思的时段从"30 年"扩展到"(新中国以来的)60 年"
再扩展到"("五四"新文化运动以来的)90 年",这就使我们有理由
期待,只要我们认真地面对了当代中国文论研究的历史复杂性和
多歧性,以此为契机,我们是能够形成一种"回溯式"的研究方法并
"回溯(追溯)"到上述"时代语"与思想使命的。可我们为什么没
有做到这一点呢?

看来,只有深入地梳理一下当代中国的文论研究的路径依赖
和思想制约,才能明白个中原因。而为了更好地做到这一点,在
此,我们将先提供一种理想形态的(新时期文学理论研究的)"回顾
与反思"的思路,然后以此为参照,再作批判性的分析。这种理想
形态的思路的起点,就是首先确认当代中国的文论研究所具有的
复杂性和歧异性。

当代中国的文论研究究竟具有一种什么样的复杂性和多歧性
呢? 首先,当代中国的学术研究具有一种独特的代际更迭或重叠
性。众所周知,近 30 年来的文论研究,主要由三代学人完成:"五
四"新文化运动后 30 年期间成长起来的老一代学人、新中国成立以
来前 30 年时期成长起来的第二代学人和近 30 年来成长起来的新一

---

① 拙著《解构的难题:德里达再研究》(人民出版社 2013 年版)的"结语"部分以
梁启超为例,对此问题作了初步的分析,有兴趣的读者请参阅。

代学人。由于这三个30年的内在断裂，以致这三代学人在共时性地构建新的学术生态或学术共同体时，三个具有内在断裂性的学术传统自然就形成了一种错综复杂的历史情形。这一轮"新时期以来的文学理论研究"的"回顾与反思"热，本身就是这一复杂情形的生动表征：

　　尽管从总的倾向上来讲，学者们对这30年文论研究的成就与不足都有着客观的肯定与反思，但是，不同代际的学者所肯定和反思的侧重点是很不一样的。比如，新中国成立以来前30年时期成长起来的学人所辩护的重点是，"前30年传统"在"新30年传统"中的合法性延展；①80年代学人所肯定的重点是，"新30年传统"对"前30年传统"的批判和超越；②而更年轻的60后、70后一代学人，则试图突破30年传统或60年传统本身，以更广阔更超越的视野来评价这一段历史。③

---

　　①　这一点，从他们所谈论的话题的重点即可看出来。这些话题包括：文学与政治的关系、文学的人性与人道主义（文学是人学）、文学是审美意识形态、现实主义、人民性、艺术生产、马克思＋康德、青年马克思、对"实践论"的存在论解释、文献学语境中的马克思，等等。

　　②　80年代学人所关注的重点是：现代性反思、审美现代性批判、消费社会、日常生活审美化、身体政治、文化研究、文化批评、文艺学学科边界、生态批评与生态美学、总体生态主义、媒介诗学、图像研究、文学史理论建构、本质主义、非本质主义与反本质主义、古代文论的创造性转化、去西方中心主义、图像转向、文学性泛化、文学终结论、复数的世界文学，等等。

　　③　代表性的思路之一，是从全球格局的变动——欧洲的衰落和东方的崛起为基本参照视野，以古今中西文论关系为基本座架而把握住的，从"汉译西方文论：文论疆界的拓展——普遍与特殊的两难处境——跨学科跨文明比较——古代文论的现代转换"递相演进的角度所作出的评论（参代迅：《新时期文学理论三十年：回顾与反思》，文载《文学理论前沿》第五辑，北京大学出版社2008年版）。代表性的思路之二，是在"批判启蒙"与"审美批判"这两种现代性反思之间"执两用中"，以建构一种"全面的现代性"（参刘悦笛：《建构"全面的现代性"——在"批判启蒙"与"审美批判"之间》，文载《学术月刊》2006年第8期）。需要补充说明的是，由于新中国成立前30年期间成长起来的老一代学人目前大多已经去世，他们在这60年间所取得的成就，在这新一轮的"回顾与反思"热衷，则迹近"消失"。

当代中国的文论研究之所以具有一种内在的复杂性和多歧性，原因之二，自然是自晚清以来，每一代学人都陷入了中西古今之争。中西古今之争的积极意义在于使那种大一统的传统思想视野内在解体，但中西古今之争也将导致各种替代性思想视野的剧烈纷争。由此必然导致当代中国学术包括文论研究不同代际之间和同一代际内部的差异与竞争。

当代中国的文论研究既具有如此内在的复杂性，对当代中国文论研究的"回顾与反思"当如何努力，才能把握住这一复杂性呢？

首先，从理论上讲，我们必须打破那种整体主义的、本质主义的和线性进化的历史观，而自觉地获得一种"断裂中的传承、传承中的断裂"的新学术史意识。否则，我们将无法把握住这三个30年传统的内在断裂与重叠。

其次，由于任何现存的思想视野都内在地处身于中西古今冲突的历史情势之中，因此，必须牢牢地把握住"中与西、古与今之间的阐释学关系及其语境错置和时代错位的本体存在论关系"，自觉地建立起一种与这种存在论关系相对应的新思想视野。否则，我们将无法从各种相互冲突的现成的思想视野中超越出来，返身去处理各种被局限在中西古今冲突的历史情势之内的文论言述和研究传统的复杂的矛盾与共生关系。

第三，必须深入反思"学术"的本性，并揭示学术思想创生的内在机理。否则，我们将根本无法实现我们的目的，即从学术史的反思中获得某种未来的学术创新（转型）的内在依据。

第四，学术传统的裂变往往最直接地体现于表述策略或言说方式的新变。因此，当代中国的文论研究，如果真的想从30年（到60年到90年以致更远……）传统的"回顾与反思"中获得范式转型的路径，梳理以往学术传统的表意范式特征，反思未来学术言说的理想的表意形式，就是题中应有之义。

一旦我们把握住了上述问题并试图为这些问题的回答找到坚

实的学理基础，从理论上讲，我们是有可能将我们的目光回溯到前述"时代语境"与思想使命（或问题意识）的。① 可是，仔细考察这新一轮的当代中国文学理论研究的"回顾与反思"热，学者们是否普遍做到了这一点呢？

首先，从相当一部分文章和著作仍习惯简单地根据年代的线性递进而"全景"式地提供一种学术现象的扫描，并根据某些外在的标志性历史事件作历史的分期来看，尽管学者们在理论上都主张要打破那种线性发展的眼光，但在实际的历史书写中，所遵循的依然是那种线性进化叙事。换句话说，就是尽管大部分学者的初衷都是想总结"这一段"历史的经验教训，都获得了某种"历史"意识，但是，对"究竟什么是学术史"这一必须预先反省的问题，竟然缺乏自觉的反省。

其次，尽管大部分学者都亲身经历了"30 年来的文论研究"这一段历史（少部分学者经历得更长些），但是，在他们眼里，这 30 年（或 60 年或 90 年……）来的学术史大多被当成了某种观念化的外在"对象"，而不是他们自身也"内在"地置身于其中的"历史"。由是，除了极少数学者意识到"要回顾和反思自己亲身参与其中的一段学术史，已经是一件非常不容易的事；更何况还要将自己作为'研究'和表述的对象，真不知其中有多少困难和陷阱"之外，基于某种话语权的争夺与自我合法性辩护的目的，基于某种对象化的

---

① 这里可以提供的一个旁证是，黄念然在他的《20 世纪中国古代文学研究史·文论卷》（东方出版中心 2006 年版）一书中的"专题篇"中，总结了 20 世纪的中国古代文论研究所具有的如下特征：一、对总体性的渴求（包括批评史的建构和理论体系的梳理两方面），二、互为主观的尝试（即比较文论研究），三、经典的多元解读，四、范畴研究，五、方法论研究，六、批评学研究，七、现代性焦虑：从"民族化"到"现代转换"。在"概论篇"中，他还考察了 20 世纪中国古代文论研究的现实语境和话语形态特征。如果将这些特征从既成的"特征"转换成尚未完成的"问题"或使命，并作进一步的反思，不正好可以触及本文所揭示的时代语境和思想使命吗？

思维方式,绝大多数学者所在意的,都是重申自己所主张的观点是多么的"一贯正确",而根本没有意识到:必须将自己的思想意绪重新置入特定的中西古今之争的思想氛围中,真正以"历史"的眼光来看待过去的"传统",以先天地携带着的"无知之幕"和有限理性来看待"未来"发生的一切。换句话说,就是尽管有相当一部分学者都认为这 30 年(或 60 年或 90 年⋯⋯)来的文论研究已经形成了某种"传统",且将自己也"写"进了这一"传统"中,但是对于"究竟什么是学术传统"这一必须予以反省和揭示的问题,竟然也缺乏自觉的反省。如是,如何可能指望这样的"回顾与反思"能够触及并揭示"学术思想创生的隐秘机制(或学术传统的生成机制)"?

第三,从绝大多数论述都将 30 年(或 60 年、90 年)来的文艺思潮论争或理论命题的历时演进这样一种"思想史"的写法天然地等同于近 30 年(或 60 年、90 年)来的文论研究的"学术史"反思来看,尽管绝大多数学者都在吁求文论研究的范式转型,实则根本就缺乏对"究竟什么是学术"的自觉反省。不仅如此,由于这样一种"思想史"更多地属于那种传统的现成的思想"观念"或"结论"的转述或概论,即使从某些功力深厚的学者"写什么"和"怎么写"的书写策略中,我们能读出某种历史的复杂性或"微言大义",但总的来讲,这样的反思或回顾基本都没有触及"学术"与"思想"的复杂交织。换句话说,就是大多数的"回顾与反思"都没有"反思"到自身的"学术观"和"思想史观"的同一性同质性预设,更谈不上批判和超越这些预设。

第四,本来,关注学术文体的表述策略或言说方式的变迁,当是从事文论研究的学者的本色当行;可是,除极个别的学者外,绝大多数论者都没有记得要展示一下自己的这样一种专门手艺。

从这些表征来看,尽管学者们大多力图还原 30 年(或 60 年、

90 年)以来的重要论争的历史语境,①或以全景扫描的方式,或以专题研究的方式,尽可能客观全面地呈现出 30 年(或 60 年、90 年)以来的文论研究的变迁轨迹;但是,由于从一开始就无法将自己真正置身于"历史的内部",更无法将自己反思的目光推进到质疑各种现存的思想(史)视野的合法性的层次,②这使得大多数回顾与反思,不但没有开出未来的文论研究的转型之路,相反,倒将文论研究的历史演进统统纳进了种种现成已预设好的逻辑线索之内。③ 这使得这新一轮的文论研究的回顾与反思热,基本上和 20 世纪 90 年代以来兴起的学术史研究一样,除了开拓出了一个新的学术热点和研究领域,为后来的学者免除了许多资料收集与整理的劳顿之外,基本上就没有获得什么"学术"和"思想"的实质性的

---

① 与新时期 30 年相对应的语境,学者们强调的是:市场经济和消费社会的兴起,知识分子的使命与身份变迁,从启蒙使命的公共知识分子到专科化的学院知识分子,等等;与建国后前 30 年相对应的语境,学者们强调的是:政治极权话语对文论研究的宰制;与建国前 30 年相对应的语境,学者们强调的则是:中西古今之争,激进主义氛围,等等。

② 这些现成的思想视野包括:普遍/特殊、全球/本土、主流意识形态/多元文化、文化守成/创造性转化、自律性/公共性、活的日常生活语言本体、活生生的社会现实本体、经验性的中西古今融通、现代化、现代性悖论,等等。

③ 除了前述"简单地根据年代的线性递进而全景式地把握住的线索,并根据某些外在的标志性历史事件作历史的分期"之外,这些预设线索还包括:提炼出某一核心命题(如"文学是人学"),根据该命题的确立及其内涵的演变而把握住的线索;根据重要论争和研究热点的出场及其转换而把握住的线索;根据某一方面的研究(如文艺社会学、语言批评、审美主义、审美现代性)而把握住的线索;根据文学与其他外部要素的关系(如文学与意识形态、文学与知识分子身份变迁、文学与传播媒介)而把握住的线索;根据某一文论研究传统(如古代文论、人文主义文论、马列文论、形式主义文论)而把握住的线索,根据文论研究的范式转型与重构而把握住的线索,等等。其中,从作品观念的变迁角度把握住的线索(如"从作品观到(超)文本观")是最具有知识学依据的。而最具有宏观视野、最具有历史感和理论深度的,在我看来,则是以全球格局的变动——欧洲的衰落和东方的崛起为基本参照视野、以古今中西文论关系为基本座架而把握住的,从"汉译西方文论:文论疆界的拓展——普遍与特殊的两难处境——跨学科跨文明比较——古代文论的现代转换"递相演进的线索。

推进。这种状况恰好以触目惊心的方式，应验了相关学者的尖锐批评：单纯的学术领域的扩展并不提升人的创造力和智力！① 然而，这30年来的中国人文学术研究，所热衷的恰恰就是学术领域的不断拓展和学术话题的不断追新。由是，如果说这30年来的中国人文学术研究真的形成了什么"传统"，那么，"缺乏坚实的以智识为导向的学术传统"，就是这一"传统"最鲜明的特征之一。②

从这样一个角度讲，这新一轮的文论研究的"回顾与反思"热，不过是这一"传统"的最新延续。

## 三、文论研究的新方法
## 路径和思想视野

总之，种种迹象表明，这新一轮的文论研究的"回顾与反思"热不但没有超越30年来的文论研究传统所形成的路径依赖和思想制约，相反，倒遵循和强化了这样的路径依赖和思想制约。从这样一个角度讲，总结一下这一路经依赖和思想制约的特征，对于未来的研究来讲，或许就是必需的。

---

　　① 参苏力：《80学人与30年人文社科发展》，文载苏力、陈春声主编：《中国人文社会科学三十年》，生活·读书·新知三联书店2009年版，第17页。

　　② 论者对这一传统的具体特征的描述是："在思想解放和改革开放中，已经形成了对80学人以及后辈学人颇有影响的传统：对社会热点的关心，对社会轰动的追求，坚持改革开放的政治立场或姿态从一开始就变成了一种自觉坚持的政治正确，各种形式的自我实践的学术审查也因此出现了，纯智识性爱好相对被忽视。不断地讨论并亮出自己的'主义'和立场，坚持所谓'敢讲话'的社会姿态，在诸多社会热点问题上有意迎合或有意抗拒特定受众，力求扮演有良心的公共知识分子，从儒家传统到自由主义，从保守主义到新'左派'，从民粹主义到神秘主义，许多学者总是更看重主义、学派和立场，而不是问题本身，更重视预期听众的感受，而不是重视自己的智识分析的贴切和透彻。"苏力：《80学人与30年人文社科发展》，文载苏力、陈春声主编：《中国人文社会科学三十年》，第8页。

首先，在政治极权话语的宰制下，建国以来前 30 年的文论研究，形成了如下一种"独特"的"研究"方式：一、将思想观念是否"正确"或"进步"确立为判定学术研究是否"进步"或"落后"的最高标准，由此导致了文论研究的全面政治化、社会学化、观念化或"思想史"化；二、将一般的哲学原理当作具体的学术研究的逻辑起点，将对具体的学术"问题"的研究转换成现成"理论"的演绎场域，进而形成了一种形而上学的思维方式和主义式的话语言说方式；三、在此"学术观"和主义式话语言说方式的制约下，进一步形塑了一种意图在先、目的在先和价值判断在先的论证程序与自身封闭的、单向度的和本质主义的思想视野；四、最终，对所有具体的学术问题的研究，对所有理论问题的探讨，其指向都不再向未来开放，其性质都不再是不断生成的。于是，所有活生生的"问题"，所有活生生的"理论"，都被转换成了一种现成的对象化的"事实"，都只能以一种对象化的方式来处理。而所有与此相异的研究方式和言说方式，都在被审查和排斥之列。

其次，表面上，新时期 30 年来的文论研究，表现出了对前 30 年文论研究传统的最大程度的批判和超越。然而，由于对更久远的学术传统的隔膜，由于 30 年来的学术封闭环境所造成的中西学术的时代落差，以及由此落差所造成的急切的追赶心态，使得新时期 30 年来的文论研究对前 30 年传统的"批判和超越"，更多地表现为对具体的自身封闭的、单向度的和本质主义的"旧"的"正确"或"进步"思想"观念"的逆反，对某些具体的自身封闭的、单向度的和本质主义的"新"的西方思想"观念"的接纳，而并没有真正习得某种新的"思维"（研究）方式和"言说"方式，并完成对传统的"学术观"和研究方式的清理和批判。于是，新时期 30 年来的文论研究，才会在这种隐蔽的旧学术观念和研究方式的制约下，表现出如下延续性特征：误将思想观念的"趋新"当成是学术研究的"进展"，不断地追逐新的话题，不断地拓展新的领域，不断地介入社会热点,不断地根据现实需要的变换而提出新的主义式的言说;而遗忘了真正的学术研究,除了知识思想资源的极限空间的不断拓展之外,还有对(文学)"实事"本身的不断发现,以及论证技术、论证逻辑的日趋严密和言说方式的新变。这还没有算上学术研究的生命安顿和精神承传。这种不断向外拓展的研究习气一再地强化了那种对象化的研究方式和言说方式,而遗忘了真正的学术研究,其首要的任务就是完成对自身研究的预设前提的批判。这使当代中国的文论研究,除了只能进行现象描述、历史考辨、对某种现成理论的概论、转述或阐释,以及各种个体式的感悟和主义式的表态之外,始终无法深入中西学术思想演进的内在历程之中,以把握其未来的发展。就这样,当代中国的文论研究,除了把西方学界(包括海外中国学界)的问题当成是中国学界的问题,把西方学术的前沿当成是中国学术的前沿,或疲于奔命地应对现实问题的变迁以提出滞后的解释之外,竟然不能提出任何对于未来的学术发展和历史演进来讲真正具有"预流"性的"问题"并给出真正具有"预流"性的论证,就显得十分自然。

从这新一轮文论研究的"回顾与反思"热来看,尽管大多数学者都为自己所建构的思想视野和所预设的逻辑线索提供了合法性论证;对不同的思想视野和逻辑线索,大多都能以一种历史主义和多元主义的态度来对待之。然而,由于这种历史主义和多元主义主张大多只是一种"态度"或应然性(政治正确)的"要求",并没有反思到各种"元思想观念"或"元历史叙事"冲突的层次,因而也就没有真正揭示各种相互冲突的"思想观念"和"历史叙事"之共在、共生机制。由是,当代学者所建构的种种思想视野和所预设的逻辑线索,从总体上讲,就仍可以被归结在本质同一的、单向度的现代性思想视野的范畴之内。哪怕是那种悖论性的自反现代化视野(包括批判现代化、审美现代性和后现代视野),也如是。

面对上述路径依赖与思想制约,当代中国的文论研究当如何努力，才能"意识"到它并"超越"出来，而着手对全球文明的转型与重构来讲真正具有知识和智性的提升的原创性研究呢？如果所有的学术研究都在先地受特定的时代语境和学术传统的制约，那么，除了面对过往的所有历史和传统并反思它们，我们还能找到什么新的路径？

然而，当我们把所有既成的学术研究当作一种研究"对象"来审视的时候，我们究竟该"如何"审视它们并审视些"什么"呢？首先，我们要看到，不管是"中学"还是"西学"，"今学"还是"古学"，其实都不是一个自身封闭的、本质同一的统一体。它们的内部都充满了矛盾歧异、焦虑冲突，乃至经常遭遇剧烈变迁与合法性危机。而各种具体的"理论学说"，更是与种种复杂的意绪心态、利益驱动、权势争夺、目的论叙事、价值期待、意识形态乃至政治宰制有着千丝万缕的联系。如是，当我们在面对它们的时候，就必须改变以往那种已成的、本质同一的、单义的和自身封闭的"学术"观，而将"学术"视为是一种语境中的、生成中的、多重性的、具有内在矛盾与歧异的"话语综合体"。对于这一"话语综合体"，我们可以区分出它的不同层次：一、作为一种知识探究的对象；二、作为一种特定语境中的学人之自我存身于世的合法性论证和现实介入方式；三、作为一种运思向度之遮蔽与解蔽的参照资源。第一个层次是知识学层面上的，是对象化的；第二个层次是个体叙事和民族叙事层面上的，是体验化的；第三个层次则是自我关涉层面的，是反思化的。

对于这样一种具有内在复杂性的"话语综合体"，当我们面对它们时，我们要如何"阅读"它们，才能读出它们内在的差异性、矛盾性、多层性和多重性呢？文本细读①就是必备的入门功夫之一。

---

① 广义的文本细读，不仅包括版本、训诂、校勘、注释、翻译等，还包括从修辞学、叙事学、符号学等角度对文本的生成要素和结构要素所作出的相关分析。

然而，仅只靠文本细读，我们就能透过文本的"字面意"而读出它们的"隐微意"吗？显然，一种在"倒着看历史"和"顺着看历史"之间做着复杂的往返运动的新阐释学意识和历史还原与语境重构①的功夫，就是必备的更高层次的能力之一。

　　然而，学术研究的最高目的，并不只是要去把握一种"话语综合体"的"原意"，使自己的研究仅仅成为一种"替补性"的二次书写。相反，学术研究的最高目的，乃是通过跨语境和跨语际的解读，去把握文本的"生成意"，然后将它重新置入研究者所处身的当下语境中，以化解"这个"时代的矛盾冲突和精神焦虑。由此决定了它必须成为一种"双重性"的原创性书写。不仅如此，它还应该对未来时代的矛盾冲突和精神焦虑有所因应，因而它还需是一种"预流"性的书写。

　　学术研究如何将一种"替补性"的二次书写转化成一种"双重性"的原创性写作呢？根本途径之一，就是同时去质疑"研究对象"和研究者自身的所有预设前提，然后对这些预设前提再作进一步的先验还原，②直至所有预设的"源初起源"。在此"源初起源"处，我们不仅将看清所有研究预设的分道扬镳之处，也将看清不同预设相互关联生发的关节点。由是，我们便将在一种跨语境跨语际的前提下，与"研究对象"进入到一种共同存身的存在境域中，直面问题本身，在不同视野的既差异错置又交互关联的生发机制中，使不同的"话语综合体"得以相互改写，使问题本身得以重新裁决。

　　这就是当代中国的文论研究必须习得的一种新方法路径。如果要用一个词来概括它，那么，"返本穷源"就是它最根本的特征。

---

　　①　这里所说的历史还原与语境重构，除了传统历史学对"历史真相"的求索之外，还包括新历史主义、文化研究和后殖民研究的方法论与策略等。

　　②　尽管中西古今学术思想都不乏成功实施"先验还原"的范例，但毫无疑问，胡塞尔的现象学为这样一种"方法论路径"提供了迄今为止最完备的理论论证。

然而，当代中国的文论研究不仅要获得一种新方法路径，它还应获得一种新思想视野。"返本穷源"的新方法能使我们追溯到一种新的思想视野吗？

事实上，一旦我们开始着手还原古今中西的文论言述的各种预设前提，由于我们首先要遭遇的就是语义问题，因此，我们首先要反思的，就必然是各种"话语综合体"的语言学预设。而由于语言学预设必然牵涉言说者、语言媒介、语义/世界、接受者、语境等要素的复杂关系，因此，在古今中西各种文论言述的语言学预设的背后，一定是各种世界视野的预设和言说的交流—沟通机制与文化的整合机制预设。

由于所有这些预设都处在不断的变迁与转型过程之中，因此，一旦我们思及这些预设的断裂与延续历程，我们就必将思及某种历史或总体历史叙事的预设前提。由此我们就必将思及学术思想史的生成机制，以及时间本身及其原初发生。

将上述这些必须清理的预设前提转换成学术问思的"问题谱系"，将这些"问题谱系"重新置入历史中，于是，我们就将获得一种重新看待学术思想史之演进发展的逻辑进程或思想史视野：

1. 一时代的世界格局和文明体系的分化—整合机制的变动，媒介前提的变动——包括技术前提、言说方式、知识思想资源、价值取向、生命意义的变动等，导致学人立身行事与生命安顿的本源依据的内在解体；

2. 由此解体体认到传统知识、信仰体系和文化合法性的合法性危机（即传统的语言学预设、世界视野预设、文化的分化—整合机制的预设以及总体历史叙事预设的合法性危机等）；

3. 为重建知识、信仰体系和文化传统的新合法性，必须追本溯源，（最终）溯源自知识、信仰、文化传统（包括前述全部预设）乃至天地自然（即人之生存境域）之原初发生；

4. 如何重新领会此原初发生呢？时间（本/末、有/无）与语言

(言意之辨)及其相互交织必将成为两个最根本的难题及入思维度之一;

5.从此原初生存境域的本源领会返回到学人自身生存的时代语境,对时间难题与语言难题的解答必将为前述各种"话语综合体"的预设前提提供某种新的裁决,从而促进知识与思想的范式转型。①

而一旦我们获得了上述思想史视野,事实上,我们就超越了至今仍在制约我们的种种本质同一的、单向度的现代性视野,而进入到某种更本源的原初境域。

由是可以断言,对于当代中国的文论研究来讲,趋新的确并不意味着转型,相反,倒可能意味着某种路径依赖和思想制约。真正的转型往往意味着向本源的某种回归——回归到文论研究和文学书写原初发生时的问题意识,回归到文论研究和文学书写的全部历史的复杂性和丰富性!

## 四、文学观念的重构与文论研究的范式转型

本来,说近一点,自晚清西潮东渐以来,为有效应对中华学术文化两千年未有之"劫烬巨变",这种返本穷源的意识在一代又一代中国学人那里,都是绵延不绝的。② 只是,当代中国学界为什么

---

① 更详尽的分析请参拙文《原初境域的隐匿与重现——从解构理论的哲学起点到中西思想的问题谱系》,文载《西南民族大学学报》2010年第12期、2011年第2期。

② 从晚清严复的"原富"、梁启超的"知变法之本源"、章太炎的"原道"等,到"五四"时期陈独秀的"吾人最后之觉悟",到三四十年代朱光潜对"诗的起源"的探寻、马克思学术思想对"经济基础"的还原等,到80年代的"重读马克思原典"、重构"语境中的马克思"以及当今的中西经典重释等,一部现代中国学术思想史,其"返本穷源"的问题意识一直清晰可辨。

至今仍未能形成一种体系性的"返本穷源"的问题意识和方法路径呢？

除了时事的急迫，使中国学界普遍滋生出了一种激进的心态，总是想寻求一种（更新的）单向度的思想视野以求问题的整体解决，从而将这种"返本穷源"的路径压抑为潜流之外，①缺乏对自身的"返本穷源"意识作进一步的"返本穷源"的自觉反思，当是最根本原因之一。

从这样一个角度讲，尽管在"五四"后30年、新中国前30年和新时期30年这三个30年学术传统之间存在巨大的断裂，但事实上，这三个30年传统也有着内在的延续。而为了从这具有内在丰富性、多歧性和矛盾性的学术传统中开掘出文论研究的新的可能，重续和光大这一传统中的"返本穷源"的问题意识，并由此建构出一种体系性的方法论路径和思想视野，就显得异常"急迫"。

然而，秉着"返本穷源"的问题意识和方法路径，我们当如何具体地开展文学理论的研究呢？由于所有的研究都必然要以某种中西古今现成的"文学"观念或文学现象为反思的起点，这里，笔者就以德里达研究为个案，对此稍作简略的分析。②

首先，当我们不再把解构理论视为是一种现成的"思想结论"而将之视为是一种"话语综合体"时，那种以一种自身封闭的、隔绝的和对象化的"研究"方式来转述（概述）解构理论的"思想内容"和

---

① 在《清园近思录》（中国社会科学出版社 1998 年版）一书中，王元化在反思"五四"运动的遗产时指出，"五四"思潮留下的负面产品，有四个方面，依次为"庸俗进化论"、"激进主义"、"功利主义"和"意图伦理"。此说对于分析"五四"学术的缺点颇有启示，可参阅。而张灏在《幽暗意识与民主传统》（新星出版社 2011 年版）一书中对"五四"激进主义思潮的分析，则以更具有历史深度的笔触，透辟地揭示了"五四"思想的局限及其必然性。

② 具体详尽的研究，请参拙著《解构的难题：德里达再研究》，人民出版社 2013 年版。

分析其"本质特征"的流行做法,便丧失了合法性。从此,我们关注的重点,就不再局限于德里达"解构理论"的"小文本",而将是"解构理论"与"中西学术思想传统和历史语境"复杂的"生成关系"(而非某种已经预设好的逻辑关系)这一"大文本(超文本)"。而要处理好这一大文本,有三个前提性的问题必须预先得到清理:一、如何跨越中西学术思想的"跨语际跨语境"的障碍? 二、哲学话语的一般解读可能性到底在哪里? 三、如何看待解构理论的东渐与当代中国学术思想的言说方式和现实语境的"时代错位"? 如是,反思现代中国的西学研究传统、批判流行的一般哲学解释学、重新领会中西学术思想演进的"时代错置"关系,就成了题中应有之义。幸运的是,由于德里达对这些问题都作过系统的反思,因此,我们便有了可能,从解构思想的"内部"出发,来着手对这些问题的反思。

其次,一旦我们以一种"悖论"性的方式(实即以一种"双重书写"的方式),"提前"介入解构理论并从中反思到了"哲学话语的一般解读可能性",我们便有了前提,直接去谈论解构理论的"小文本"及其与"大文本"的复杂关系。令人吃惊的是,将解构理论放到它的论争语境和中西学术思想传统的宏大背景中,我们发现,解构理论不仅全面地触及到了前述思想史视野的问题谱系,而且还对哲学言述的一般言说属性作了全新的认识(在德里达看来,这种言说属性绝非单向度的和本质同一的,而是内在地具有双重属性的)。这就使德里达的解构思想具备了全面超越现代性的单向度思想视野的可能。

第三,解构理论之所以获得了如此这般的"哲学突破",根本的秘密,就在于它以一种彻底的现象学还原的精神(即以一种超越现象学的"看"的观察方式),全面地批判了西方思想传统的语言学预设和时间预设。针对西方思想传统的"能指—所指"二元对立的语言学预设,德里达论证了"文迹"的"差异"、"踪迹"的"源初逻辑"。针对"过去、现在、未来"线性流逝的流俗时间观,德里达揭示了时间本体的"差异错置"的内在"分裂—闭合"结构。这些发现使德里达不仅完成了对自身的文化身份的多义记忆与自我合法性论证，而且还揭示了历史本身的差异错置的衍生机制以及思想史的交互去蔽、交互生发、差异错置的生成机制，从而超越了某些后现代思想的怀疑主义和虚无主义。

然而这么说并不意味着解构理论没有它内在的"失察"或"缺失"。事实上，如果我们不在西方思想的传统语言学预设和德里达的解构主义的语言学预设之间偏执一隅，而是坚持严格的原初直观，那么，我们不仅将很快发现文字的媒介属性，而且还会发现语言的三个维度及其复杂关系。这三个维度即：语言的所指性维度、语言的交互主体性维度和语言的自我言说、自我诠释、自我关涉、自我反思性（自反性）的维度。这三个维度都统一于"媒介"这一广义的"语言"（文字）中。假如我们将这三个维度整合起来重新思考并将媒介理论引入德里达的文字学思想，事实上，我们也就找到了论证"世界是一个由多种媒介构成的差异错置的体系"的本源性依据。

而就西方思想传统的时间预设而言，如果我们也不认为它毫无意义，那么，我们便会发现，尽管德里达论述了时间本体的内在差异运动，但他却忽略了物理学意义上的自然时间、心理学意义上的主观时间、现象学意义上的客观意识时间和源初境域中的本源时间的相互关系。从这样一个角度讲，德里达对历史具有一种时代错置的交互发生机制的论证，就还没有达到充分的建构性的层次：因为这些不同层次的时间的流逝"节奏"是不一致的！

有了上述发现，我们便可以着手谈论解构理论的"核心主题"并对之加以重构了。这些主题包括：文字起源的原初逻辑、死亡与他者的关系（亦即时间本体的生发机制的生命意义和宗教意义问题）、决断的可能性（实即公正与正义或社会—文化整合的可能性），以及文学中的真理（实际上即现代人的精神救赎的可能性）等。由于论题所限，在这里，我们只谈论德里达的"文学观"及其重构的可能性。

　　德里达的"文学观"具有什么样的运思特征呢？由于很早就意识到了现有的种种文学观念的局限性，德里达对"究竟什么是文学"的谈论，采用了一种严格的现象学描述的方式。在 1989 年 4 月所作的《称作文学的奇怪建制》这篇访谈中，当他试图界定究竟什么是文学时，他是这样回答的：文学因书写而起。"当创作的欲望降临时，在那种既朦胧又不由自主、既无能为力又独裁的状态下"，"我便情不自禁地想记下一两件往事"。① 用回忆的形式、不间断地记录下发生的——或未能发生的事，然后签上名，以便将它存放起来，密藏起来，就像给某种远逝的生命或事物加上了封印。

　　"我刚刚说到'未能发生'或'几乎如此'，以此表明这样的事实：即发生的事——换言之，人们想要活生生地保留下其痕迹的独特事件——也正是不发生的事也应发生的愿望，一个如此这般的'故事'，其中事件本身已经使'真实'的档案与'虚构'的档案发生了交叉"。② 于是，在文学书写的一开始，我们便遇上了麻烦或难题，即是否应该区分开历史的叙述、文学虚构与哲学的反思呢？又应如何区分？如果无法区分，那么，我们是否可以说，文学就是以一种独特的方式往返于文学与哲学之间？

　　不管文学书写如何在文学与哲学之间做着奇妙的往返运动，文学总是想要表现那能够接近的和不能接近的所有事物。因此，文学的空间不仅是一种建制的"虚构"，而且也是一种"虚构的建制"，原则上它是允许人们讲述一切的。文学是一种允许人们以任何方式讲述任何事情的建构。

　　但是，"要讲述一切，无疑就要借助于不断的转化把所有的人物相互聚集在一起、借助于形式化加以总括。然而要讲述一切同

---

① 　J. Derrida, *Acts of Literature*, edited by Derek Attridge, Routledge, 1992, p. 34.

② 　J. Derrida, *Acts of Literature*, edited by Derek Attridge, Routledge, 1992, p. 35.

时也就是要逃脱禁令，在法能够制定法律的一切领域自我解脱"①。如是，文学从其本性上讲就是让人们在"讲述一切"的过程中去经验、思考文学之法的自我颠覆的运动。文学的法则原则上倾向于蔑视法或取消法，文学这种建制倾向于建制性地自我淹没。

......

德里达不仅从发生学的角度描述了文学书写在"真实"与"虚构"、"文学"与"哲学"、"自由"与"法度"之间的复杂交织，接着，他还以同样的方式描述了文学书写在"存留物"与"客体"、"文学"与"政治"、"文学"与"历史"等结构性要素之间的往返运动。不仅如此，由于文学书写对"文学之法"的遵守与颠覆、对现实政治的"自由批判"与"无能为力"还需要读者这一他者来签名认可，因此，"文学"这一奇特的建制便成了一种"意向性的相关物"。它的独特价值，就在于通过一种独特的文化形式、时空形式和存在形式的激活、创造与发明来让人们领会到自我与他者的共同在世。

简单地讲，由于文学书写的各种结构性要素都不在同一个平面上，它们的相互关系是差异错置的，因此，"文学是一种奇特的建制"这一文学观念就极具包容性和开放性。它不仅超越了当代中国文论界有关"反映论"与"形式论"、"功利论"与"审美主义"、"（审美）意识形态论"与"纯文学"、"纯文学"与"杂文学"、自律性与公共性、文学与政治之间的对立与分歧，而且还能为各种主张确定不同的位置。

在此基础上，如果我们将前述对解构理论的语言学预设和时间预设的反思重新植入德里达的文学观中，将"文学是一种奇特的建制"这一观念进一步重构为"文学是一种唤醒话语间性关联的奇特建制或触媒"，那么，我们的"文学观"不仅可以向以往的口传文学、当代的数字文学书写，以及文学性泛化和文学向日常生活的回归等现象开放理论的视界，而且还有可能揭示文学史的隐秘的生

---

① J. Derrida, *Acts of Literature*, edited by Derek Attridge, Routledge, 1992, p. 36.

成机制和文学精神的传承机制。

如果上述"文学"观念的重构是有效的，那么，可以断言，它必将为文论研究的范式转型产生积极的意义。事实上，判定文论研究是否成功转型的最终标准，根本不在于是否开拓出了新的研究领域或热点话题，而在于是否成功地建构出了新的文学观并展示出了有关"文学"的更丰富的面相和更广阔的可能性（这其中也包括重新定位"文学"与"理论"的关系）。

不仅如此，由于"文学"观念的重构还与当代学术思想的时代语境与思想使命有着某种非此不可的联系，因此，任何成功重构的"文学观"，都必然以一种独特的姿态介入了对时代困境和思想史的永恒问题的沉思。

当然，这本来是思想史研究的根本任务，不是文学理论研究所能承担和完成的。然而，由于受种种主义话语（特别是那种社会理论化的和政治学化的话语）的引导，使得当代中国的思想史研究，大都被纳入了某种同质化的观念史格局中，思想史要么成了某种本质透明的观念进化史，要么便成了已失去其有效性的观念坟墓史。即使试图寻求观念史与社会史的"打通"者，由于缺乏对究竟何谓思想史的反思，最多也只是尽可能地还原、重构诸多现成思想观念生成的复杂的历史语境，而根本无法透过这些观念，以勾勒出思想史的问题谱系，更别说对这些问题谱系加以重新裁决。于是，当代中国的思想史研究，便在得到"历史"的同时丧失了本源性的"思"。①

————————

① 有关思想史研究的知识范型变迁及其内在局限，罗志田的批评更加尖锐："我们的思想史研究最常见用西方观念来套中国的实际，下焉者不过以中国为战场实施西与西斗，即以西方的主义或理论为武器而相互作战；上焉者也多学步邯郸，追随西方新潮的'问题意识'，而不问这些从非中国历史环境中产生出来，有着特定的基本预设、方法论和认识论取向的'问题'和思路，是否与中国自身在不同的历史条件下所存在的'问题'相一致。"罗志田：《近三十年中国近代史研究的变与不变》，文载苏力、陈春声主编：《中国人文社会科学三十年》，第448页。

　　这使得当代中国的思想史研究，不但不能为文论研究的范式转型带来启迪，相反，倒迫使文学理论研究不得不超越"文学理论"的学科范围，去承担起"思"的本来命运。

# 后　记

　　将近 20 年前(1996)，我在北京大学中文系旁听了陈平原教授一个学期的"现代中国学术之建立"这门课，由此引发了我对现代中国学术史的兴趣。

　　近 20 年来，我一直在关注着当代中国学界的学术史反思热。期间也陆续写了一些这方面的文字，现结集起来，以就教于学林。

　　作为我心中一直念兹在兹的一个研究领域，我始终没有机会，可以将全部生命投入其中。大约今后也很难有这样的机缘了。

　　仅再吟诵一遍陈寅恪的如下一段文字，以示告别的不舍与沉痛：

　　　　自昔大师巨子，其关系于民族盛衰学术兴废者，不仅在能承续先哲将坠之业，为其托命之人，而尤在能开拓学术之区宇，补前修所未逮。故其著作可以转移一时之风气，而示来者以轨则也。

　　此记。

2014 年 10 月 13 日于成都

又，本书为"四川省省属高校科研创新团队"（团队名称：中国文论传统的民族性与文论研究的范式转型；团队编号：13TD0059）和"2011年四川省高等教育质量工程建设项目：汉语言文学专业综合改革"（川教函[2011]659号）的中期成果之一。

本书为西南民族大学中央高校科研专项基金优秀团队暨重大孵化项目"文化整合与精神救赎——中西美学的问题核心与学科重建"（项目编号：11SZYTH07）的最终成果之一。

感谢余璇女士工作的高效与专业。是她的辛勤努力才使本书顺利面世。

作为一本小书，恐难以承载太多的感谢。因此，对于在本书的写作过程中给予我启迪与帮助的众多师长和学友，我只能铭记于心。

戴登云

2015年2月18日（除夕）夜补记